Arthur Kaufmann
Gerechtigkeit – der vergessene Weg
zum Frieden

SERIE PIPER
Band 478

Zu diesem Buch

Arthur Kaufmann, Rechtsphilosoph und Strafrechtler, behandelt ein Thema, das ihn als Zeitgenossen wie als Wissenschaftler beschäftigt: Wie kann ein Frieden, der diesen Namen verdient, in der Gerechtigkeit verankert werden? Zu diesem Zweck sucht er die Ergebnisse einer dreitausendjährigen philosophisch-rechtsphilosophischen Diskussion für sein Thema fruchtbar zu machen. Dabei bleibt die Darstellung immer auf die aktuellen Probleme – nukleare Abschreckung, Gefahr eines Atomkriegs, Abrüstung... – bezogen.

Kaufmanns Anliegen ist es, den Leser am Diskurs der heute denkbaren Lösungsansätze im Rahmen einer »Kommunikationsgemeinschaft der Vernünftigen« zu beteiligen. In der Auseinandersetzung mit den Strömungen der verschiedensten Richtungen gelingt ihm der Nachweis, daß er mit den von ihm angebotenen Antworten alles andere als einen subjektiven »Außenseiterstandpunkt« vertritt, daß vielmehr seine Position zutiefst in der abendländischen Tradition und Kultur verankert ist. Die Lehre vom »gerechten Krieg« mündet in eine Lehre vom »gerechten Frieden«.

Arthur Kaufmann, geboren 1923 in Singen (Hohentwiel), Studium der Rechtswissenschaft in Heidelberg, danach Richter am Landgericht Karlsruhe. 1957 Rückkehr an die Universität, Studium der Philosophie und Habilitation für Strafrecht, Strafprozeßrecht und Rechtsphilosophie. 1960 o. Professor an der Universität Saarbrücken, seit 1969 an der Universität München. Dort Direktor des Instituts für Rechtsphilosophie und Rechtsinformatik. Ehrendoktor der Keio-Universität in Tokyo. Mitglied der Bayerischen Akademie der Wissenschaften und mehrerer ausländischer Akademien und Gesellschaften. Veröffentlichungen u. a.: Naturrecht und Geschichtlichkeit, 1957; Recht und Sittlichkeit, 1964; Das Schuldprinzip, 1976[2]; Schuld und Strafe, 1983[2]; Rechtsphilosophie im Wandel, 1984[2]; Theorie der Gerechtigkeit, 1984; Einführung in Rechtsphilosophie und Rechtstheorie der Gegenwart (mit W. Hassemer u. a.), 1985[4].

Arthur Kaufmann

Gerechtigkeit –
der vergessene Weg
zum Frieden

Gedanken eines Rechtsphilosophen
zu einem politischen Thema

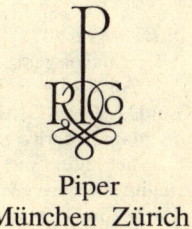

Piper
München Zürich

ISBN 3-492-00778-8
Originalausgabe
April 1986
© R. Piper GmbH & Co. KG, München 1986
Umschlag: Federico Luci
Photo Umschlagrückseite: Foto Ott München
Gesamtherstellung: Clausen & Bosse, Leck
Printed in Germany

*Dem Andenken meines Bruders Karl-Rudolf,
der im Zweiten Weltkrieg gefallen ist*

Inhalt

Vorwort

Das Buch, das ich hiermit vorlege, ist die Frucht nicht nur vielen Nachdenkens, sondern auch vielen Nachlesens und vieler Diskussionen. Mir liegt nicht daran, unbedingt originell zu erscheinen. Ich will vielmehr zeigen, daß die Gedanken, die ich vortrage, ihre Grundlage in einer langen philosophisch-rechtsphilosophischen Tradition haben. Darum bitte ich den Leser, sich nicht an den Zitaten und Fundstellenangaben zu stören. Sie sind mir aus zwei Gründen wichtig: Erstens will ich dokumentieren, daß ich hier nicht bloß eine rein subjektive Einzelmeinung, gar einen Außenseiterstandpunkt vertrete, sondern Gedanken, die sich in einem langen Diskurs bewährt haben. Zweitens will ich dem Leser die Möglichkeit geben, die Richtigkeit dessen, was ich ihm anbiete, nachzuprüfen, und sich so, wenn er will, selbst in den Diskurs einzuschalten. Ich will überzeugen, keinesfalls überreden.

Gerechtigkeit – der vergessene Weg zum Frieden! Vergessen? Werden nicht seit langem und von allen Seiten Gerechtigkeit und Frieden im selben Atemzug genannt? Gewiß. Doch kaum jemand sagt einigermaßen präzis, was Gerechtigkeit ist und inwiefern sie zum Frieden führt. Das aber ist gar nicht so einfach zu sagen. Mein Anliegen ist es deshalb, aus der geschichtlichen Entfaltung des Gerechtigkeitsbegriffs heraus diesem Begriff einen Inhalt zu geben und ihn so für die Friedensproblematik fruchtbar zu machen. Dabei kommt es mir ganz wesentlich darauf an, rational zu argumentieren. Ich will in erster Linie die Vernunft ansprechen und nicht Emotionen wecken. Ich hoffe, daß es mir gelungen ist, dies in einer Sprache zu tun, die auch dem Nichtfachmann verständlich ist.

Frau Ingrid Hillebrand danke ich herzlich für ihre tatkräftige Hilfe.

München, 27. November 1985   Arthur Kaufmann

I. Warum ich dieses Buch schreibe

Die Literatur zum Thema »Krieg und Frieden«, allein aus neuerer Zeit, könnte eine stattliche Bibliothek füllen. Wer sich die Mühe einer auch nur fragmentarischen Lektüre dieses Schrifttums macht, wird den Eindruck gewinnen, daß kaum noch ein Argument – nach welcher Richtung auch immer – denkbar ist, das nicht schon vorgebracht worden ist, meist unzählige Male vorgebracht worden ist. Es ist also wohl nicht überflüssig, dem Leser zunächst einmal die Gründe darzulegen, warum ich »trotzdem« dieses Buch zu schreiben unternehme. Es sind Gründe unterschiedlicher Art.

Ich gehöre zur Kriegsgeneration. Ich war vier Jahre Soldat auf der falschen Seite, und das Schlimme war: Ich wußte von Anfang an, daß ich auf der falschen Seite stand, daß ich von der politischen Macht mißbraucht wurde (zu desertieren war unmöglich, weil dann die Angehörigen zur Rechenschaft gezogen worden wären). So war mein Sinnen nur aufs Überleben gerichtet und auf die Hoffnung, Hitler-Deutschland werde den Krieg verlieren.

Beides trat ein. Wie immer, wenn ein geschlagenes Heer heimkehrt, erhoben auch wir den Ruf: Nie wieder Krieg! Manche von uns engagierten sich bei der Gründung oder Wiedergründung der demokratischen Parteien. Wie unterschiedlich deren Programme damals auch aussehen mochten, in einem Punkt stimmten sie alle weitgehend überein: in der Ächtung des Kriegs und der Ablehnung einer Wiederbewaffnung. Ich selbst konnte bei dem Gründungs-Programm der »Christlich-Sozialen Volkspartei« in Mainz (später in der CDU aufgegangen) vom 5. Januar 1946 mitwirken, in einer bescheidenen Rolle freilich, gewissermaßen als Assistent meines Vaters, aus dessen Feder dieses Programm stammt. Unter Nr. 11 heißt es da: »Militärische Erziehung jeder Art und die allgemeine Wehrpflicht lehnen wir ab. Waffen und Sprengmittel dürfen, soweit deren Produktion unerläßlich und erlaubt ist, nur in staatlichen Betrieben, die von der Volksvertretung kontrolliert werden, hergestellt werden.«

Wie gesagt, das war damals die allgemeine Meinung unter uns Kriegsheimkehrern. Rückblickend wird man sagen müssen, daß unsere Niemals-wieder-Mentalität utopisch war – damit hat es sich ja immer so verhalten. Aber daß die Wiederbewaffnung nicht einmal zehn Jahre seit Kriegsende auf sich warten ließ, das machte uns fassungslos. Das war wirklich *der* Sündenfall der Nachkriegsgeschichte. Man hätte denken sollen, daß zuallererst durch uns Deutsche, die wir den Krieg in so viele Länder getragen hatten, die Umkehr erfolgen würde.

Die Japaner haben es getan, sie haben in Artikel 9 ihrer Verfassung die Wiederbewaffnung verboten. Vielleicht werden sie trotzdem wieder rüsten müssen, aber wenn, dann lassen sie sich die Rüstung nachgerade aufnötigen (am 7. Oktober 1985 hat der japanische Ministerpräsident Nakasone erneut erklärt: »Japan wird nie wieder Militärmacht«). Wir haben uns die Wiederaufrüstung nicht aufnötigen lassen, wir waren gleich zur Stelle. Und genausowenig offiziellen Widerstand gab es jetzt gegen die Aufstellung nuklearer Waffen auf dem Gebiet der Bundesrepublik Deutschland; weder die sozial-liberale noch die christlich-liberale Regierung hat sich dagegen gewehrt. Wie anders ist die Szene doch in Belgien und in den Niederlanden! Es hat etwas Würdeloses, daß die beiden deutschen Staaten darum wetteifern, die Musterschüler Moskaus und Washingtons zu sein. Man sollte sich etwas mehr am Vorbild Polens und Frankreichs orientieren (womit aber nicht die eigenen ehrgeizigen Kernwaffenprojekte Frankreichs gemeint sind).

Jetzt, im Jahre 1986, leben von den ehemaligen Kriegsteilnehmern, die vor dreißig Jahren fassungslos die Wiedergeburt des Militärischen erlebten, nicht mehr allzu viele. Es scheint mir daher geboten, als einer von ihnen die Stimme zu erheben. Ich weiß nicht, ob die Jüngeren ermessen können, was es heißt, auf der falschen Seite kämpfen zu müssen und dies auch zu wissen. Ich will nicht noch einmal auf der falschen Seite stehen. Das ist einer der Gründe, warum ich schreibe.

Ich schreibe als Wissenschaftler. Meine engeren Fachgebiete sind Rechtsphilosophie und Strafrecht. Ich habe festgestellt, daß sich zur Friedensproblematik (von Politikern abgesehen) vorwiegend Theologen, Philosophen, Literaten, Mediziner, Psychologen, Journalisten ... zu Wort melden, selten dagegen Juristen, und unter ihnen meist nur Völkerrechtler. Das ist eigenartig. Liegt es daran, daß Juristen meist konservativ sind, so daß gegen den Esprit de corps verstößt, wer gegen den Status quo ist? Gehört der »gerechte Krieg« auch zu dem »guten alten Recht«, das es zu bewahren gilt? Vielleicht, aber alles scheint damit nicht erklärt. Schon seit Jahrtausenden verbindet man den Gedanken des Friedens mit dem Gedanken der Gerechtigkeit: »Das Werk der Gerechtigkeit wird der Friede sein«, steht schon bei Jesaja (32, 17). Das ist seitdem Tausende Male wiederholt worden. Nur: Was ist Gerechtigkeit? Wenn der Friede das Werk der Gerechtigkeit ist, dann dürfte für die Friedenssicherung kaum etwas belangvoller sein als die Verwirklichung der Gerechtigkeit. Die Lehre vom Krieg muß von der Lehre von der Gerechtigkeit abgelöst werden. Die Lehre von der Gerechtigkeit ist aber gar nichts anderes als Rechtsphilosophie. Gleichwohl haben sich nur wenige Rechtsphilosophen ausdrücklich mit den Themen »Krieg« und »Frieden« befaßt. Einer dieser wenigen ist Gustav Radbruch, den man mit Grund zu den bedeutendsten Rechtsphilosophen unseres Jahrhunderts zählt (er war in der Weimarer Zeit eine Zeitlang Reichsjustizminister und wurde dann von den Nazis kaltgestellt). Als sein Schüler empfinde ich die Verpflichtung, seinen Geist weiterzugeben.

Ich habe mich bemüht, mich umfassend zu informieren. Dabei fand ich bestätigt, was schon Carl Friedrich v. Weizsäcker (1984, S. 43) bemerkt hat, daß nämlich »beide Seiten auf der Grundlage geringer Kenntnis der Tatsachen emotional argumentieren«. Nun ist es gewiß schwer, wohl sogar unmöglich, bei einer so komplexen Problematik alle Aspekte zutreffend zu erfassen. Niemand kann ja auf allen Gebieten, die hier angesprochen sind, Fachmann sein. Ich meinerseits gestehe, daß ich trotz vierjährigem Kriegsdienst nur sehr wenig von militärischen Dingen verstehe; ich werde mich deshalb auf diesem Gebiet möglichst zurückhalten und nur von dem ausgehen, was man als Tatsachen ansehen kann. Man muß sich, gerade auf diesem Feld, vor Propagandaparolen und vor Klischees, wie sie in beiden Machtblöcken zum täglichen Vokabular gehören, hüten. Wenn man sich nicht einmal bei der Friedensdiskussion friedlich verhält, wie soll dann Friede werden? Freilich, es ist schwer, jegliche Polemik zu vermeiden und trotzdem seine Sache mit Festigkeit zu vertreten. Versuchen muß man es aber.

Was verspreche ich mir von meinem Unternehmen? Was darf sich der Leser davon versprechen? Ich sagte schon: Ich schreibe als Wissenschaftler und daher nicht als Vertreter einer Partei, einer Konfession, einer Bewegung. »Bewegungen«, überhaupt alles, was mit »Masse« (Massen-Kundgebungen zum Beispiel) zu tun hat, waren nie meine Sache, heute so wenig wie in der Nazizeit. Ich achte alle, die sich für den Frieden engagieren, jeder auf seine Weise, und ich habe daher prinzipiell auch nichts gegen die »Friedensbewegungen«. Aber meine Sache sind sie nicht. Meine Sache ist der Dialog, der rationale Diskurs, ich setze auf die »Gemeinschaft der Vernünftigen« (Jaspers 1983, S. 301ff.). Diese Gemeinschaft ist grundsätzlich offen, sie besteht aus lauter selbständigen Individuen, die rational zu argumentieren bestrebt sind, bei deren Diskurs alle rationalen Argumente zugelassen sind und die darin übereinstimmen, daß kein Argument absolut und endgültig ist, jedes vielmehr korrigiert werden kann. Es ist der grundsätzliche Verzicht auf Polemik, Anschwärzerei und auf das Gut-Böse-Denken. Davon wird später noch ausführlicher die Rede sein. Ich halte diese »Gemeinschaft der Vernünftigen« für eine sehr wichtige Instanz im Rahmen der Friedenssicherung. Aber ich halte sie beileibe nicht für die einzige Instanz – ja, sie darf nicht die einzige sein, da ja doch viele Menschen, wohl die meisten, gar nicht rational ansprechbar sind.

Ich will versuchen, rational zu argumentieren. Auch wenn ich moralische Probleme anspreche, betrachte ich diese vornehmlich unter rationalen Gesichtspunkten. Ich bin kein Moralist. Freilich bin ich der Meinung, daß es moralische Gebote und Verbote gibt, die einen hohen Grad von Vernünftigkeit besitzen. Die Entgegenstellung von »moralischen Geboten« einerseits und »rational ausdenkbaren Verhaltensregeln« andererseits (v. Ditfurth, S. 161) halte ich für wenig sinnvoll.

Daß ich kein Moralist bin, macht für mich die Dinge schwieriger. Als Moralist könnte ich sagen: Kriege dürfen unter keinen Umständen sein. Ich würde diesen Standpunkt, den man als »absoluten Pazifismus« bezeichnen kann, sehr gerne einnehmen, aber aus rationalen Gründen – diese fordern ein realistisches, pragmatisches Denken – ist mir das nicht möglich. Ich kann nicht den Satz unterschreiben, daß jeder Krieg unnötig und ungerecht sei. Der Krieg gegen Hitler war, jedenfalls in seiner Zielrichtung, notwendig und gerechtfertigt. Und ich muß damit rechnen, daß es auch in Zukunft noch notwendige und »gerechte« Kriege geben wird. Als utopisches Ziel erkenne ich den Pazifismus an. Deshalb verurteile ich aufs entschiedenste die Verteufelung des Pazifismus, etwa als »Unterwerfungsbewegung«, als »Hort der Feiglinge und Drückeberger«, als »Fünfte Kolonne Moskaus« oder – fast unglaublich – als »Mit-Urheber von Auschwitz«. Solche Verteufelung einer Denkungsart, zu der sich Persönlichkeiten wie Bertha v. Suttner, Mahatma Gandhi, Albert Einstein, Kurt Tucholsky, Carl v. Ossietzky, Martin Luther King ... bekannt haben, offenbart nicht nur die Arroganz der Ungebildeten, sondern auch einen Verrat an den Idealen der rechtsstaatlichen Demokratie: Deren Freiheitlichkeit erweist sich allererst an der Freiheit, die den Minderheiten gewährt wird. Was denn sonst als diese Freiheit wäre an ihr verteidigenswert? – Ich verurteile darum gleichermaßen auch diejenigen auf der anderen Seite, die den Befürwortern des NATO-Doppelbeschlusses unbesehen böse Motive unterstellen. In einer pluralistischen Gesellschaft haben alle, die ehrlich um die Friedensproblematik ringen, ihren legitimen Platz, und sie alle dürfen für sich in Anspruch nehmen, als »gute Demokraten« zu gelten.

Nicht alle Menschen sind rational ansprechbar. Ich sagte es schon. Das ist kein Werturteil, es ist einfach eine Tatsache, die man in Rechnung stellen muß. Daher ist es wichtig, die Friedensdiskussion auch mit idealistisch-moralischen Argumenten

15

zu führen. Franz Alt hat dies in einer bemerkenswerten Weise getan. Sein Buch »Frieden ist möglich« hatte – mit Recht – einen großen Erfolg, denn darin werden vor allem die Gefühle angesprochen. Wie gesagt, das ist legitim. Aber es ist einseitig, muß es sein. Man kann den Frieden nicht schon durch Friedfertigkeit erreichen. Das ist zu einfach. Schon Manfred Hättich hat das Alt entgegengehalten (vgl. auch Becker, S. 88, 124, Fn. 30). Und so groß der Stellenwert der Bergpredigt im Rahmen der Friedenssicherung auch zu veranschlagen ist: Wenn wir den Frieden auf den »neuen Menschen« gründen müßten, stünde es schlimm um diesen Frieden. Der »neue Mensch« hat sich, bei Licht besehen, doch immer wieder als der alte erwiesen.

Das ist ein weiterer Grund, warum ich diese Schrift verfasse. Ich habe den Eindruck gewonnen, daß das einschlägige Schrifttum meist viel zu eilfertig wohlfeile Antworten parat hat, nach der einen wie nach der anderen Richtung, wiewohl kaum irgendwo die Floskel fehlt, daß es Patentrezepte nicht gebe. Natürlich werde auch ich versuchen, Antworten zu finden. Aber meine Ausführungen sind mehr interrogativ als demonstrativ zu verstehen. Ich möchte Fragen stellen und in Frage stellen: vor allem die totalen Lösungen und absoluten Dogmen, ich will nicht leichtfertig das Komplizierte versimpeln. Insofern treffe ich mich mit v. Krockow, der auch wider die »Versuchung des Absoluten« streitet (1983, S. 10ff.). Leider widersteht er aber nicht der Versuchung, seinerseits das Relative absolut zu setzen, weshalb er in die Sünde von Weimar zurückfällt und einen ethisch neutralen Staat propagiert: Grundwerte, vom Staat als verbindlich gesetzt, hält er für verfassungswidrig (1983, S. 59; Radbruch, den er hier zitiert, hat diese Auffassung schon früh korrigiert; 1957, S. 80ff.). Daß freilich auch daran etwas richtig ist, soll später gezeigt werden.

Da ich mehr interrogativ als demonstrativ verfahren will, werde ich wahrscheinlich (hoffentlich!) keiner Seite Schlagworte und Parolen liefern. Der Schlagworte und Parolen sind ja auch genug gewechselt. Dieses Buch sucht den nachdenklichen Leser, den, der, wie ich, angesichts des Wettrüstens in aller Welt von einer Gewissensnot bedrängt wird, gerade auch deswegen, weil er keine schlüssige Lösung parat hat. Mein

Wunsch-Leser ist der fragende, vorsichtige, kritische, ja skeptische Leser, der sich die Dinge erst ein paarmal durch den Kopf gehen läßt, bevor er ja oder nein sagt. Ich will auf keinen Fall überreden. Wer aber schon eine fertige Meinung zur Friedensproblematik hat, die er unter keinen Umständen zu überdenken und gegebenenfalls zu revidieren bereit ist, sollte sich die Mühe des Weiterlesens sparen. Mit ihm habe ich nichts im Sinn.

Wie wenig vorgefertigte Meinungen in der Frage der Rüstung, speziell der Atomrüstung, vermögen, ist mir selbst auf Grund zweier Erlebnisse überdeutlich geworden. Im April 1984 habe ich auf Einladung der Stadt Hiroshima in der dortigen Memorial-Hall einen Vortrag gehalten. Obwohl dort sicher schon Hunderte Friedensreden gehalten worden sind, kamen zahlreiche Menschen, darunter vor allem ältere Menschen, die die Zeichen der Katastrophe vom 6. August 1945 im Gesicht und am Körper trugen. Nach meiner Ansprache drückten mir viele die Hand; soweit eine sprachliche Verständigung möglich war, wurde leidenschaftlich beschworen, daß etwas Derartiges niemals wieder passieren dürfe. Ich habe mir auch das Museum in Hiroshima angeschaut: eine einzige Dokumentation des Grauens. Bedenkt man, daß damals nur eine ganz kleine Atombombe fiel und daß heute eine unendlich viel größere Vernichtung möglich ist, dann muß man in den Chor jener Überlebenden von Hiroshima einstimmen: Atomwaffen dürfen nicht nur nicht eingesetzt werden, man darf mit ihnen auch nicht drohen, sie dürfen gar nicht hergestellt werden.

Wenige Monate später war ich in Polen. Es versteht sich, daß ich dort mit vielen Menschen auch über politische Themen ins Gespräch kam. Zu meiner völligen Überraschung sagten mir mehrere, zumeist jüngere Gesprächspartner, sie könnten die (bundes-) deutsche Friedensbewegung nicht verstehen, denn diese falle ihnen, den Polen, in den Rücken. Wenn der Westen nicht stark sei und auch mit Atomwaffen drohe, werde Polen über kurz oder lang unter russische Herrschaft geraten (es gibt ähnliche Äußerungen von Alexander Solschenizyn; vgl. bei Novak, S. 103; Alting von Geusau, S. 120f.). Was sollte ich darauf erwidern? Daß die Furcht unbegründet sei?

Zwischen diesen beiden Realitäten spannt sich die Friedensproblematik. Die allermeisten lassen jeweils nur das eine meiner Erlebnisse als das maßgebende gelten, und sie relativieren das andere oder verdrängen es gar. Auch darum, weil das nicht geht, muß ich schreiben.

Ich kann also, ähnlich wie es Carl Friedrich v. Weizsäcker (1982, S. 10) von sich gesagt hat, in niemandes Namen sprechen. Und da ich weder die Sache der Friedensbewegung noch die der Bundesregierung vertrete, da ich sowenig im Dienst von Moskau wie in dem von Rom, Bonn oder Washington stehe, da ich keiner politischen Partei verpflichtet bin und von keiner etwas für mich begehre, da ich von niemandem etwas bekomme, weder eine finanzielle Unterstützung noch eine Auszeichnung oder einen Preis, da ich – für meine wissenschaftliche Arbeit – nur zwei Instanzen anerkenne: die Vernunft und das Gewissen (bei denen ich mich freilich irren kann, weshalb ich den Dialog benötige), eben darum werde ich mich möglicherweise zwischen alle Stühle setzen. Sollte es so sein, werde ich mich mit Werner Bergengruen zu trösten wissen, der einmal den Platz zwischen den Stühlen als den einzigen bezeichnet hat, von dem man mit unbekleckertem Hosenboden aufstehen kann.

Bevor ich zum nächsten Kapitel übergehe, möchte ich noch ein Wort zu dem von mir herangezogenen Schrifttum sagen. Das am Schluß dieses Buches wiedergegebene, scheinbar reichhaltige Literaturverzeichnis enthält in Wahrheit nur einen ziemlich kleinen Bruchteil der Titel, die in neuerer Zeit zu unserem Thema erschienen sind. Ich versichere aber, daß die Auswahl nicht tendenziös getroffen wurde. Alles, was mir zur Verfügung stand, habe ich angeführt, ohne Rücksicht auf irgendeine politische, religiöse oder weltanschauliche Richtung. Das hängt mit meiner Auffassung von der »Gemeinschaft der Vernünftigen« zusammen, damit, daß in einem rationalen Diskurs alle sachlichen Argumente zugelassen werden müssen. So finden sich in dem Verzeichnis Schriften von Theologen der verschiedenen christlichen Kirchen, von Moslems und Buddhisten, von Politikern, von Militärs, Gewerkschaftlern und Journalisten, von Gegnern und Befürwortern der Atomrüstung, von Päpsten, Bischöfen und Atheisten, von

Amerikanern und Russen, auch von DDR-Autoren – und natürlich von Wissenschaftlern aller Sparten. Nicht alles, was darin steht, hat gleiches Gewicht, nicht alle vorgetragenen Gründe und Gegengründe sind sachlich. Unvermeidlich trägt daher die Art, wie ich dieses Schrifttum ausgewertet habe, meine Handschrift.

II. Gerechtigkeit und Frieden

Das Jesaja-Wort: »Gerechtigkeit schafft Frieden« habe ich schon angeführt. Ein vor etwa 2500 Jahren verfaßter Psalm (85, 9–11) drückt diesen Gedanken noch plastischer, anschaulicher aus. Da wird das Land der Frommen gepriesen, in dem alles zum Besten bestellt ist: »Es begegnen einander Huld und Treue, Gerechtigkeit und Frieden küssen sich.« Gerechtigkeit und Frieden vermählen sich! Das müßte, wären die Menschen zudem noch mit Gesundheit gesegnet, die Verwirklichung des wahren Glücks auf Erden sein.

Aber freilich, dieses Land der Frommen existiert nicht, und Gerechtigkeit und Frieden küssen sich keineswegs. Im Gegenteil, nur allzuoft wurde im Namen des Friedens die Gerechtigkeit verraten, und das Umgekehrte ist kaum weniger selten. Die meisten Kriege, zumal die Religions-, Weltanschauungs- und Ideologiekriege, wurden als »gerechte« Kriege deklariert, wiewohl sie offenkundiges Unrecht waren. Und in wie vielen der sogenannten »Friedensverträge« wurde die Gerechtigkeit mit Füßen getreten, da allein die Macht und die Laune des Siegers darin zur Geltung kamen, womit dann nur der Keim zu neuen Kriegen gelegt war. Das alles ist evident und braucht daher nicht weiter belegt zu werden.

Aber darf man hoffen, daß es eines Tages doch gelingen wird, Gerechtigkeit und Frieden zu vereinen? Es wäre ein Verhängnis, wollte man darauf vertrauen, daß dieser Bund in absehbarer Zeit zustande kommt. Nichts kann in der heutigen Situation, in der die allergrößte Gefahr besteht, daß die Menschheit Selbstmord begeht, so leichtfertig sein wie die sorglose Annahme, es werde schon alles gutgehen. Und doch ist es eine heutzutage gängige Haltung, daß man sich benimmt »wie ein

Patient, der lieber nicht von einer in ihm steckenden lebensgefährlichen Krankheit wissen will, obschon er sich nur durch Konfrontation mit der schlimmen Diagnose dazu aufraffen könnte, irgendwelche sinnvollen Abwehrmaßnahmen zu treffen« (Richter, S. 122). Es ist keineswegs gesagt, daß schon alles gutgehen wird. In der Geschichte der Menschheit ist sehr viel Schlimmes eingetreten, das man noch kurz davor für wenig wahrscheinlich gehalten hatte; der Zweite Weltkrieg zum Beispiel mit all seinem Unglück, seinem Grauen, seinen Verbrechen wurde trotz des sichtbaren Menetekels von vielen, auch Verantwortlichen, noch bis kurz vor seinem Ausbruch nicht als reale Gefahr erkannt. In unserer heutigen Situation können wir ganz und gar nicht davon ausgehen, daß das vorhandene riesige Arsenal an nuklearen Waffen nicht zum Einsatz komme. Wer das annimmt, ist ein Träumer, und noch dazu ein gefährlicher Träumer. Dabei ist es heute so, daß man einen großen Fehler nur einmal machen kann. Man wird ihn nicht mehr revidieren können.

Die Haltung des Nicht-wissen-Wollens, des Nicht-sehen-Wollens der Gefahr beruht häufig auf einer allzu statischen Auffassung von Frieden und Gerechtigkeit. Frieden und Gerechtigkeit werden als ein Zustand angesehen, den wir, wenigstens annäherungsweise, haben und den es zu erhalten gilt. Vor allem das vielbeschworene (nukleare) »Gleichgewicht« müsse erhalten werden, soll der Friede stabil bleiben. Es ist bemerkenswert, daß just von dem eher als konservativ einzustufenden Lager der Konzilsväter dieser statische Friedens- und Gerechtigkeitsbegriff abgelehnt worden ist: »Der Friede besteht nicht darin, daß kein Krieg ist; er läßt sich auch nicht bloß durch das Gleichgewicht entgegengesetzter Kräfte sichern ...; er ist die Frucht einer Ordnung ..., die von den Menschen durch stetes Streben nach immer vollkommenerer Gerechtigkeit verwirklicht werden muß ...; darum ist der Friede niemals endgültiger Besitz, sondern immer neu zu erfüllende Aufgabe« (Gaudium et Spes, Nr. 78). Gerechtigkeit ist nicht einfach ein Bestand an Prinzipien oder Normen, aus denen man die Maximen für das menschliche Handeln wie bei einer Mathematikaufgabe ableiten könnte. Gewiß gibt es Prinzipien der Gerechtigkeit (wir werden sogleich die wichtigsten nennen), aber diese müssen nach Maßgabe der je und je bestehenden situativen Umstände konkretisiert werden, und diese Konkretisierung ist ein geschichtlicher Prozeß (dem philosophisch bewanderten, namentlich an der Erkenntniskritik Kants geschulten Leser braucht nicht gesagt zu werden, daß die Aussagen über die Gerechtigkeit um so weniger stringent werden, je konkreter sie sind, d. h., je mehr Empirie sie enthalten). Diesem *Prozeßcharakter der Gerechtigkeit* entspricht der *Prozeßcharakter des Friedens,* sein »Wegcharakter«, wie auch gesagt wird (Sutor, S. 468). Frieden wird folglich auch nie ein Zustand ohne Konflikte sein. Viele halten die gewaltlose Konfliktregelung für eines der wesentlichsten Kennzeichen des Friedens (z. B. Hamm-Brücher, S. 7; grundlegend: Hirtenworte [USA], S. 236ff.). Indessen wird man bezweifeln müssen, daß es je eine Gesellschaft geben kann, bei der die Obrigkeit den Frieden, den »inneren Frieden«, ohne Akte der Gewalt zu gewährleisten vermag. Doch soll das an dieser Stelle nicht weiter verfolgt werden. Es geht mir hier um den Prozeßcharakter von Gerechtigkeit und Frieden. Dieser vor allem macht die Dinge so schwierig. Normen kann man festhalten, indem man sie formuliert. Aber wie will man einen Prozeß festhalten, wie ihn formulieren? Es kann darum gar nicht verwundern, daß die allermeisten Verlautbarungen zum Frieden, z. B. die der Päpste, der katholischen Bischöfe oder der Evangelischen Kirche Deutschlands (EKD), im Abstrakt-Allgemeinen und deshalb Lehrhaft-Programmatischen steckenbleiben; Sutor (S. 456f.) hat dies für den katholischen, Schmidhäuser (S. 21ff.) hat es für den evangelischen Bereich moniert.

Die Frage ist, wie man es anders, besser machen kann. Sicher ist eines: Ohne Normen geht es nicht. Man hat zwar immer wieder eine reine Situationsethik zu begründen versucht, die nichts als den jeweiligen Selbstentwurf des Handelnden zur Richtschnur macht. In Wahrheit freilich ist das überhaupt keine Richtschnur, sondern die subjektive Beliebigkeit. Darum kann keine Ethik und keine Rechtsphilosophie – keine Gerechtigkeitstheorie – auf Normen verzichten. Sicher ist aber auch, daß man mit Normen allein nicht weit kommt. Man muß sie – es wurde oben schon gesagt – konkretisieren, und das ist allemal mehr als bloßes »Anwenden«: Die ganze lebendige Wirklichkeit muß mit den Normen konfrontiert werden. Das Gebot: »Du sollst nicht töten« läßt, so evident es ist (eben deswegen!), viele Probleme ungelöst. Da gibt es welche, die sagen, Töten im Krieg hätte mit diesem Gebot überhaupt nichts zu tun, denn richtig müsse es heißen: »Du sollst nicht *morden*«, und Mord sei das, was Soldaten im Krieg tun, allemal nicht (Norman, S. 144). Die Anhänger der Friedensbewegung argumentieren natürlich anders: Das Fünfte Gebot sage klipp und klar, daß man nicht töten darf, niemals, also auch nicht in einem Krieg. Viele von ihnen halten diesen Standpunkt aber nicht durch, wenn es um die Tötung von Ungeborenen geht. Dafür haben sie auf einmal Gründe, und wer ihnen entgegenhält, das sei Mord, stößt auf helle Empörung. Ich will an dieser Stelle gar keinen Standpunkt beziehen, ich will nur zeigen, daß eine Norm viele Fragen gar nicht klärt. Will man dieses oder jenes der oben angedeuteten Ergebnisse »beweisen«, so reicht der Rekurs auf das Fünfte Gebot offenbar nicht aus. Man muß also noch andere Argumente suchen. Das ist oft sehr mühsam, und am Ende hat man nie Gewißheit dargetan, sondern immer nur einen mehr oder weniger großen Grad von Wahrscheinlichkeit.

Auch hier offenbart sich wieder ein Grund, warum man den Diskurs suchen muß. Einer hat immer unrecht, hat Nietzsche einmal gesagt, aber bei zweien beginnt die Wahrheit. In einer Argumentationsgemeinschaft, in der rational diskutiert wird, werden die Argumente gesiebt und von ihren subjektiven Schlacken – soweit dies möglich ist – befreit. Was herauskommt, ist zwar auch nicht Gewißheit (eine solche haben wir in ethischen und rechtlichen Fragen nie), aber doch eine »intersubjektive« Gültigkeit: Die Ergebnisse sind für vernünftige Menschen einsichtig und daher konsensfähig. Ein solcher Diskurs braucht nicht stets im Kreis anwesender Diskutanten vonstatten zu gehen, er kann gleichsam simuliert werden durch die Befassung mit dem einschlägigen Schrifttum (deshalb habe ich im Literaturverzeichnis auch nur die Schriften angeführt, die ich tatsächlich benutzt habe). Aber diese Befassung mit dem Schrifttum muß in redlicher Absicht erfolgen, in der Absicht, sich auch belehren zu lassen und von einem Vorurteil, das immer nur ein Vor-Urteil, ein vorläufiges Urteil sein darf, gegebenenfalls abzurücken. Wer dazu nicht bereit ist, kann niemals an der »Gemeinschaft der Vernünftigen« teilhaben.

Nach allem erscheint es mir sinnvoll, so vorzugehen, daß ich zunächst (in diesem Kapitel) die grundlegenden Postulate der Gerechtigkeit darstelle, um dann im weiteren diese Prinzipien an den heutigen Problemen des Friedens in der Welt zu konkretisieren und zu diskutieren. Wie man sogleich sehen wird, hängen diese Prinzipien untereinander sehr eng zusammen, weshalb es nicht sachgemäß wäre, würde man sie in einem »konkreten Teil« getrennt erörtern.

Es ist unmöglich, hier die Entwicklung der abendländischen Gerechtigkeitstheorie, die sich über fast drei Jahrtausende erstreckt, auch nur in den Grundzügen darzustellen (ich habe das anderwärts getan: Kaufmann 1984c; ders. 1985, S. 23 ff.). Es ist auch gar nicht nötig. Wir können uns hier auf diejenigen Gerechtigkeits-Postulate beschränken, die sich gewissermaßen als der Extrakt aus der langen geschichtlichen Diskussion ergeben haben und die unter den Fachleuten im großen und ganzen unbestritten sind – allenfalls wird behauptet, sie gäben wenig her, weil sie zu abstrakt seien (»Leerformeln« sind sie aber nicht). Natürlich kann man geteilter Meinung sein, was man noch zu den unabdingbaren Grundforderungen der Gerechtigkeit zählt. Ich will sie auf sechs reduzieren.

1. Das *Gleichheitsprinzip*. Die Lehre von der Gerechtigkeit als Gleichheit wurde von Aristoteles grundgelegt. Er unterscheidet zwei Arten der Gerechtigkeit, in denen sich die Gleichheit in zwei verschiedenen Formen ausprägt: die ausgleichende Gerechtigkeit (iustitia commutativa) und die austeilende Gerechtigkeit (iustitia distributiva). Von ausgleichender Gerechtigkeit sprechen wir zum Beispiel im Sinne der absoluten Gleichheit von Ware und Preis, Schaden und Ersatz, Schuld und Sühne. Die austeilende Gerechtigkeit meint dagegen die relative Gleichheit wie etwa bei der unterschiedlichen Besteuerung nach Maßgabe des jeweiligen Einkommens oder bei der verschieden schweren Bestrafung beispielsweise des Mörders

24

und des Diebes. Thomas von Aquin, der christliche Aristoteliker, hat noch eine dritte Art der Gerechtigkeit berücksichtigt, die legale Gerechtigkeit (iustitia legalis), mit der er das aristotelische Schema vervollständigt hat. Hierdurch soll die soziale Verpflichtung des einzelnen gegenüber der Gemeinschaft zum Ausdruck kommen; beispielsweise die allgemeine Wehrpflicht gehört hierher. Wir sprechen in diesem Zusammenhang heute eher von sozialer Gerechtigkeit oder Gemeinwohlgerechtigkeit.

Der Kern der Gerechtigkeit als Gleichheit ist die ausgleichende Gerechtigkeit. Sie ist das, was Cicero dann das *Prinzip des »Suum cuique tribuere«* genannt hat, der Grundsatz, daß jedem das Seine zu gewähren ist. Dieser Grundsatz ist evident, leuchtet von sich aus ein. Das Problem ist aber, was denn »das Seine« ist, das jeder zu bekommen hat. Jedem »das Gleiche«, also die absolute Gleichmacherei, wäre gewiß nicht sinnvoll und auch nicht gerecht; dies wäre es nur, wenn alle Menschen in jeder Hinsicht gleich wären, was sie aber nicht sind.

Zumindest jedoch in einem Punkt sind alle Menschen gleich: sie haben *menschliches Leben*. Was jedem als das Seine zukommt, ist also jedenfalls sein eigenes, individuelles, unverwechselbares Leben, ist seine Identität.

Indessen: immer und unter allen Umständen? Eine Frage, und schon fangen die Probleme an. Wer kennt nicht den Schiller-Vers: »Das Leben ist der Güter höchstes nicht, der Übel größtes aber ist die Schuld«! In der Friedensdiskussion spielt der Gedanke der Aufopferung des Lebens für »höhere« Güter eine große Rolle (vgl. Jaspers 1983, S. 234). Es wird sogar behauptet: »Der Satz ›Ich will am Leben bleiben um jeden Preis‹ ist ein unchristlicher und unmoralischer Satz« (Monzel, S. 71). Ich mache mir ein solches Denken nicht zu eigen (zumal ich bekennen muß, daß ich im Zweiten Weltkrieg kein anderes Ziel hatte, als zu überleben). Aber als Jurist weiß ich, daß es auch im Frieden Personengruppen gibt, die in Notfällen verpflichtet sind, unter Umständen ihr Leben für andere zu opfern: beispielsweise Feuerwehrleute oder Schiffsbesatzungen.

Das gilt, wie allseits angenommen wird, auch für Soldaten im Krieg. Aber müssen, in einem Atomkrieg, auch Millionen und

25

Abermillionen Unbeteiligte ihr Leben opfern? Sind sie dazu sittlich verpflichtet? Sollte noch nicht einmal dies den Satz tangieren, daß – wenn nicht dem *einzelnen Menschen* – dann aber doch *den Menschen insgesamt* das Leben als das ihrige zu gewährleisten ist? Selbst dies, d. h. daß gegebenenfalls *alle* sich opfern müssen, wird bejaht, und sogar im Namen der Kirche! Darauf wird noch zurückzukommen sein.

Man sieht, sobald man das Postulat »Jedem das Seine« mit der konkreten Wirklichkeit konfrontiert, wird es problematisch, und man begegnet einer Vielfalt unterschiedlicher Meinungen. Noch ein Beispiel: die Abtreibung. Franz Alt hat in seinem neuen Buch »Liebe ist möglich« sehr anschaulich gezeigt, wie schizophren die Situation heute bei uns ist. Das Thema »Abtreibung« ist »rechtsbesetzt«: Es sind ganz überwiegend die Konservativen, die für eine strengere Bestrafung plädieren – meist dieselben, die das Thema »Frieden« für »linksbesetzt« erklären und die Forderung nach sofortiger nuklearer Abrüstung ablehnen. Man ist also jeweils nur halb für das Leben. »Aufrüstung und Abtreibung sind die beiden Seiten derselben Medaille. Diese Medaille heißt Gewalt« (Alt 1985, S. 19). Gewiß, es gibt schwerwiegende Gründe für einen Schwangerschaftsabbruch; wieweit diese reichen, ist freilich sehr umstritten. Ich meine, man muß auch unterscheiden zwischen dem, was *straflos,* und dem, was *sittlich erlaubt* ist; es gibt triftige kriminalpolitische Argumente für die Straflosigkeit auch solcher Schwangerschaftsabbrüche, die sittlich nicht einwandfrei sind. Das sei hier nur angemerkt. Die Frage bleibt gleichwohl bestehen: Ist nicht auch dem ungeborenen Kind »das Seine«: sein Leben zu gewähren? Zumal es einer hilflosen Minderheit angehört? Und zumal die Abtreibung im Zeitalter der Pille ja doch eigentlich eine steinzeitliche Methode ist (Alt 1985, S. 73)? Damit das nicht mißverstanden wird, sei aber auch hinzugefügt, daß ich es für erheblich überzogen erachte, wenn der Münchner Kardinal Friedrich Wetter die Abtreibungen in Deutschland mit dem Holocaust von Hiroshima und Nagasaki vergleicht; solche Verzerrungen dienen der guten Sache nicht.

2. Die *Goldene Regel.* Sie findet sich, jedenfalls in einer ihrer

Versionen, schon in der Bergpredigt: »Alles, was ihr also von den anderen erwartet, das tut auch ihnen« (Mt 7, 12; auch Lk 6, 31). Später, in der Zeit des aufgeklärten Naturrechts, hat man dann eine »positive« und eine »negative« Version unterschieden, wobei die in der Bergpredigt angeführte die »positive« ist. Die »negative« ist uns meist in der Form des Sprichworts geläufig: »Was du nicht willst, daß man dir tu, das füg auch keinem andern zu« – kurz: schädige niemanden!

Wieder stecken die Probleme im Konkreten. Noch einmal Franz Alt (1985, S. 180): »Wer abrüsten will, muß selbst damit anfangen. Wer helfen will, muß leben lassen. Die Goldene Regel ist die ›stärkste Kraft der Welt‹ ... Wenn wir unsere eigenen Kinder töten, können wir letztlich nicht dazu beitragen, daß anderswo weniger Kinder sterben. Abtreibung ist immer ein Hinweis auf eigene unerledigte Probleme.« Also eigentlich wieder die gleichen Fragen. Ich sagte ja schon, die Prinzipien der Gerechtigkeit stehen alle miteinander in Beziehung.

Die Bergpredigt, d. h. das Prinzip der völligen Gewaltlosigkeit, ist eine harte Nuß für alle diejenigen, die, wie verklausuliert auch immer, ja zur Rüstung, einschließlich Atomrüstung, sagen. Genauer: Sie müßte ihnen eine harte Nuß bedeuten. In Wirklichkeit macht sie aber nicht nur den meisten Politikern, sondern sogar den meisten Theologen keine großen Kopfschmerzen. Viele Theologen drücken sich so gewunden aus, daß die Politiker doch immer noch eine Rechtfertigung für ihr Handeln herauslesen können. Gewiß, es gibt Ausnahmen. Der katholische Erzbischof von Seattle, Raymond G. Hunthausen, läßt keinen Zweifel daran, daß die Bergpredigt die Rüstungsverantwortlichen verpflichtet (S. 33 ff.). Gundlach dagegen, einer der engsten Berater Papst Pius XII., sieht das ganz anders. Ob der Papst etwa »nach irgendeiner Auslegung der Bergpredigt«, so fragt er, der Ansicht sei, es wäre christlicher, das Ideal der Wehrlosigkeit zu vertreten? Darauf die Antwort: »Das liegt ihm ganz fern« (S. 124). Und etwas weiter unten (S. 126): »Zur Frage, ob eine Sowjetbesetzung einem Atomkrieg vorzuziehen ist, ist zu sagen: das ist eine Frage der Wertung, des Abwägens, nicht der Bergpredigt.« So einfach ist das.

Nein, so einfach ist das eben nicht. Das Problem ist, daß

nicht alle Völker zum Gewaltverzicht bereit sind. Wären *alle* zur Befolgung der Bergpredigt bereit, so brauchte man um die Folgen nicht zu bangen. Der *einseitige* Gewaltverzicht ist es, bei dem die Rechnung nicht aufgeht. So ist es leider eine Wahrheit, »daß idealistische Bewegungen, die ein Friedensreich nach dem Schema der Bergpredigt auf Erden errichten wollten, um des edlen Zieles willen in eine Eskalation der Gewalt hineingeführt« haben (Schweizer, S. 112). Ist daraus zu folgern, die Bergpredigt habe nur »prophetischen« Gehalt, indem sie eine Verheißung für das jenseitige Leben bringe (Sutor, S. 460)? Oder soll sie nur für das Verhalten der Individuen Gültigkeit haben, nicht aber für den sozialen Bereich und somit vor allem nicht für das politische Handeln: nicht für die Verteidigung der Gemeinschaft (Pannenberg, S. 89; Norman, S. 144)? Ich weiß zwar nicht recht, wie man den individuellen und den sozialen Bereich in der konkreten Situation sauber auseinanderhalten kann. Und mir leuchtet auch eher ein, was Karl Rahner (S. 292 f.) gesagt hat: Die christliche Entscheidung für den Verzicht auf Aufrüstung »ist gerade nicht ein Moment innerhalb eines Geschäftes« (von »Vorleistung« und »Nachleistung«), »sondern tritt aus dem Kreis eines solchen Gebens und Nehmens heraus. Der Christ, der sich aus dem Appell der Bergpredigt heraus, der Humanist, der sich aus rational-menschlichen Überlegungen mit einem rational nicht mehr auslotbaren Verantwortungsbewußtsein für die Zukunft der Menschheitsfamilie und des Lebens insgesamt hierzu entscheidet, muß um die Gefahr dieses Weges wissen. Er kann den Verlust der politischen Freiheit nicht ausschließen. Zu seiner Glaubwürdigkeit gehört es, diese Gefahr zuzugeben.« Doch wie auch immer, ich fühle mich nicht kompetent, zum Streit der Theologen um die Bergpredigt Maßgebliches beizusteuern, aber ich gehöre auch nicht zu denen, »die der Streit um die Bergpredigt kaltläßt, weil sie von den Kirchen nichts mehr erwarten« (Eppler, S. 155).

Wenn wir Gerechtigkeit und Frieden wollen, müssen wir die Goldene Regel ernst nehmen. Ernst nehmen, das heißt aber: Da ich nicht getötet, verletzt, mißhandelt, verachtet, entwürdigt werden will, darf ich selbst auch nicht töten, verletzen, mißhandeln, verachten, entwürdigen. Und da ich, wenn ich in

Not bin, von meinen Mitmenschen Hilfe erwarte, darf ich dann auch ihnen eine solche Hilfe nicht verweigern, wenn sie derer bedürfen. Wie viele der Probleme bei der Konkretisierung dieses Grundsatzes auch sein mögen, der Grundsatz selbst steht nicht zur Disposition. Er ist, wenn auch die Theologen ihn nicht mehr in der Bergpredigt festmachen können, in der abendländischen Rechtsphilosophie fest fundiert.

3. Der *Kategorische Imperativ:* »Handle so, daß die Maxime deines Willens jederzeit zugleich als Prinzip einer allgemeinen Gesetzgebung gelten könne« (Kant, Kritik der praktischen Vernunft, § 7). Nichts hat Kant so berühmt gemacht wie dieser Kategorische Imperativ. Kein Wunder, denn er ist eines der großen Weltgesetze und von der Goldenen Regel gar nicht so sehr verschieden. Für den philosophisch Ungeübten ist das vielleicht nicht ohne weiteres ersichtlich, weil ihm die Formulierung Schwierigkeiten bereitet. Ich will es darum einfacher sagen: Frage dich bei allem, was du tust, ob es dir recht wäre, daß alle so handeln. Also das vielgebrauchte Argument: Wohin kämen wir, wenn das alle so machten! Nimm dir gefälligst keine Sonderrechte heraus! Wahre das Gleichgewicht!

Das Wettrüsten heute ist ein Pokern mit dem Kategorischen Imperativ. Jeder sagt dem andern: Nimm dir keine Sonderrechte heraus, wahre das Gleichgewicht! Die Supermächte rüsten, indem jede vorgibt, das »Gleichgewicht« herstellen zu müssen, weil die andere sich einen einseitigen Vorteil verschafft habe. Sogleich muß diese nachziehen, da sie in der »Nachrüstung« des Gegners eine »Vorrüstung« sieht – und so fort. Ich kann nicht beurteilen, bei wem wirklich ein Übergewicht und bei wem ein Rüstungsrückstand besteht. Darüber gibt es eine Fülle sich widersprechender Angaben. Man sollte meinen, darauf komme es auch gar nicht so sehr an, da jede Seite die Menschheit mehrfach vernichten kann. Doch dieses Argument zieht deshalb nicht, weil jede Seite sich einen Vorteil gegenüber der anderen verschaffen, also gerade kein »Gleichgewicht« will. Doch selbst wenn man unterstellt, sie wollten das »Gleichgewicht«, würde sich nichts ändern, weil – und dies ist eine unbestreitbare Tatsache – keiner das dem andern glaubt. Gesetzt, eine Seite erklärte, jetzt sei das »Gleichgewicht« hergestellt, so würde die andere Seite sich ganz gewiß nicht damit abfinden, sondern höchst argwöhnisch den Verdacht aussprechen, daß das angebliche »Gleichgewicht« in Wahrheit ein Vorteil des Gegners sei, um alsdann die »Nachrüstung« zu betreiben. Man streitet mit dem Argument des Kategorischen Imperativs um die »Gerechtigkeit« des Wettrüstens!

Dem Kategorischen Imperativ, dem Gebot, sich gegenüber den anderen keinen Vorteil zu verschaffen, wäre sicher Genüge getan, wenn keine Seite Waffen – oder sagen wir einmal: wenn keine Seite Atomwaffen hätte. Aber jetzt wird es wieder schwierig. Wie kann man dieses Ziel – das ja angeblich alle wollen – erreichen? Viele Anhänger der Friedensbewegung verlangen eine kompromißlose einseitige Abrüstung – wohl in der Hoffnung, daß die andere Seite das dann auch tut. Aber wenn diese Hoffnung trügt? Wenn die andere Seite ihren nun deutlich erkennbaren Vorteil zu Erpressungen benutzt? Über diesen Punkt darf man sich nicht mit einem idealistischen Wunschdenken hinwegmogeln. Es ist keine Frage – gerade unter dem Gesichtspunkt des Kategorischen Imperativs wäre der Verzicht aller auf Kernwaffen und die Einpendelung der konventionellen Rüstung auf ein möglichst gleichmäßiges, niedriges Niveau die gerechteste Lösung. Doch der Weg zu ihr ist steinig. Nur wer die Realitäten sieht, wird auf diesem Weg nicht scheitern.

4. Das *Prinzip Fairneß:* Handle so, daß alle Betroffenen sowohl an den Vorteilen wie an den Lasten gleichermaßen beteiligt sind (John Rawls). Auch dieses Prinzip ist ohne weiteres einsichtig. »Die erste Forderung«, sagt der japanische Friedensforscher Daisaku Ikeda, »die an jede Regierung zu stellen ist, lautet, alle Menschen unter ihrer Herrschaft mit Fairneß zu behandeln und allen – nicht nur einer Gruppe von Auserwählten – die gleichen Rechte und Chancen zu gewähren. Diese Haltung ist eine Grundbedingung jeder Politik und unentbehrlich für das Glück des einzelnen wie für den Frieden der Welt« (S. 234). Gleiche Chancen: Diese Grundregel, die im Sport für ganz selbstverständlich gehalten wird, müßte auch zum Leitprinzip unter den Nationen werden. Hat ein Mensch, hat eine

30

Gruppe, hat ein Volk nicht die gleichen Rechte und Chancen wie andere, haben sie ungleich mehr Nachteile, so werden sie aggressiv, es entsteht ein explosives Klima, Streit und Krieg liegen in der Luft. Fairneß spielt bei der Regulierung von Aggressionen eine herausragende Rolle.

Bei Ritterkämpfen mag es noch fair zugegangen sein. In modernen Kriegen gilt die Fairneß nichts. Und erst in Atomkriegen! Ein Knopfdruck, und Hunderttausende, vielleicht Millionen Menschen müssen sterben. Den Wehrlosen und Unschuldigen werden einseitig alle Lasten und alles Elend aufgebürdet – für einen Vorteil, der allenfalls wenigen zuteil werden kann. Man sagt, die Freiheit sei der Wert, für den gezahlt werden müsse. Gewiß! Doch wie hoch man die Freiheit auch veranschlagt (und ich veranschlage sie sehr hoch), den Verlust des Großteils eines Volkes kann sie doch keinesfalls aufwiegen. »Wenn der verursachte Schaden in keinem Verhältnis mehr steht zu den Werten, die man zu wahren sucht, ist es besser, Unrecht zu leiden, anstatt sich zu verteidigen. Zumindest, wenn es sich um eine Verteidigung mit solchen Mitteln handelt« (Justitia et Pax, S. 303). – Das führt unmittelbar zum nächsten Grundsatz:

5. Das *Prinzip Verantwortung:* Handle so, daß die Folgen deines Tuns nicht die Möglichkeit menschlichen Lebens und seiner Umwelt jetzt und in Zukunft zerstören, gefährden oder mindern können (Hans Jonas). Man sollte meinen, auch dieses Prinzip verstehe sich von selbst. Doch es wird tatsächlich behauptet, die Verantwortung für den Holocaust eines Atomkriegs trügen letztlich nicht wir, sondern Gott (Gundlach, S. 131). Nein, die Verantwortung für diese Erde und für das Leben auf ihr tragen wir, wir und niemand sonst. Es ist immerhin beruhigend, daß die meisten, auch die sogenannten »Verantwortlichen«, diese Verantwortung ausdrücklich anerkennen. Ich gehöre nicht zu denen, die von vornherein unterstellen, das sei nur ein Vorwand für verantwortungsloses Tun. Ich unterstelle meinen Mitmenschen bis zum offensichtlichen Beweis des Gegenteils lautere Motive. Nur entbindet das nicht von dem Gebot kritischer Vorsicht. Ich kann durchaus nicht ohne weiteres darauf vertrauen, daß die, die verantwortlich zu

handeln beabsichtigen, auch tatsächlich verantwortlich handeln, d. h. das Richtige tun. Soll das beispiellose Wettrüsten in unserer Zeit, soll namentlich das Riesenpotential an nuklearen Waffen, mit denen man die gesamte Menschheit mehrfach vernichten kann, soll die akute Gefährdung allen Lebens auf dieser Erde wirklich verantwortbar sein? Das müßten allererst einmal diejenigen beweisen, die das behaupten, statt daß man, wie üblich, den Rüstungsgegnern die Beweislast dafür zuschiebt, daß es auch ohne Atomwaffen geht. Ikeda hat sehr genau den Finger auf die offene Wunde gelegt (S. 246 f.): Bei uns, so sagt er, geht man immer von der Annahme aus, »daß die Menschen den Krieg und die von ihm geschaffenen Bedingungen für einen normalen Zustand im Verhältnis der Staaten zueinander halten. Es wird offenbar für unerläßlich erachtet, zu allen Zeiten für den Krieg gerüstet zu sein und mit seinen Nachbarstaaten auf Kriegsfuß zu stehen; und so betrachtet, bedeutet der Frieden letzten Endes nicht mehr als eine Pause zwischen Kriegen«; Ikeda fügt hinzu, man müsse dahin gelangen, »den Frieden als die normale und natürliche Lebensweise anzusehen«. Und Toynbee, sein Gesprächspartner, ergänzt diesen Gedanken (S. 247): »Der Krieg kann abgeschafft werden, auch wenn es sich als unmöglich herausstellt, alle Menschen davon zu heilen, daß sie nichtmilitärische Gewaltakte begehen. Ich glaube, die Erfindung der Atomwaffen macht es wahrscheinlicher, daß es gelingen wird, den Krieg abzuschaffen, trotz der Schwierigkeit, von einer fünftausend Jahre alten Gewohnheit zu lassen. Die Voraussetzung eines Krieges ist doch die, daß der eine siegen und der andere verlieren wird und daß der Gewinn für den Sieger größer sein wird als die Kosten des Krieges. Diese Rechnung ist nicht immer aufgegangen; denn oft genug waren Kriege für die Sieger ebenso unheilvoll wie für die Verlierer. Aber es ist klar, daß es in einem Krieg, der mit Atomwaffen geführt wird, nicht einmal so etwas wie einen Sieg um jeden Preis geben wird.«

Es ist interessant, daß Toynbee, der erklärte Gegner atomarer Rüstung, von der Erfindung der Atomwaffen einen Impuls für die Ächtung des Kriegs erhofft. Das ist nicht abwegig. Im nächsten Kapitel werden wir die Frage prüfen, ob ein Dritter

Weltkrieg, der mit größter Wahrscheinlichkeit atomar geführt werden würde (denn die Seite, die mit konventionellen Waffen zu unterliegen droht, wird sich nicht geschlagen geben, sondern zur Atomwaffe Zuflucht nehmen), ob also ein moderner Krieg überhaupt noch ein »gerechter Krieg« sein kann. Das werden wir vornehmlich unter dem Gesichtspunkt des Verantwortungsprinzips zu erörtern haben.

6. Das *Prinzip Toleranz:* Achte und anerkenne deine Mitmenschen und ihre Auffassungen gerade auch dann, wenn sie dir nicht gelegen kommen; respektiere das menschliche Leben in allen seinen Ausprägungen: ob weiß oder schwarz, ob hoch oder gering, ob geboren oder ungeboren, ob gesund oder geschädigt. Die Respektierung der Toleranz ist vor allem von den großen Geistern der Aufklärung – Descartes, Locke, Hobbes, Bodin, Montesquieu, Pufendorf, Thomasius, Spinoza, Bayle, Voltaire, Lessing ... – im Kampf um die Religionsfreiheit erstritten worden. Heute ist sie als Grundregel des menschlichen Zusammenlebens weitestgehend anerkannt, wenigstens verbal. Unter rechtsphilosophischem Aspekt habe ich in einem noch vorläufigen Entwurf die Bedeutung des Toleranzprinzips darzulegen versucht (1984 b, S. 209 ff.). Hier geht es darum, diesen Ansatz um die Dimension des Friedensgedankens zu erweitern.

Es finden sich schon einige Stimmen, die der Toleranz eine wichtige Funktion im Rahmen der Friedenssicherung einräumen. v. Krockow nennt sie sogar an erster Stelle. Er schreibt (1983, S. 63 ff.): »Sie ist vorab zu nennen, weil es ohne sie keine Freiheit zur Vielfalt und damit keinen wirklichen Frieden geben kann, sondern einzig den unerbittlichen Bürger-Krieg, der nur im Triumph des jeweils Stärksten, in der diktatorischen Gewaltherrschaft enden kann.« Und etwas weiter unten: »Gesellschaftliche Voraussetzung der Toleranz ist nämlich, was als Entwicklung zur *Komplexität* oder zur Gliederung des sozialen Systems in Subsysteme beschrieben werden kann. Dabei ist das Individuum im Gegensatz zu den ständischen oder kastenartigen Gliederungen der vormodernen Gesellschaft nicht nur einem Subsystem dauernd zugeordnet, sondern jeder einzelne muß in vielen Bereichen seine ›Rollen‹ spielen ... Wo jemand auf *eine* Rolle festgelegt, sozusagen festgenagelt wird, die in

33

alle anderen Rollen durchschlägt und die als sein Schicksal, als gleichsam naturhafte über den Rollenträger verfügt wird – *der* Deutsche, türkische Gastarbeiter, Neger, Jude, Homosexuelle, Zigeuner, *die* Frau, *der* Radikale, Kapitalist, Kommunist, was immer –: da ist das in der modernen Gesellschaft ein Signal der Intoleranz, der verweigerten Freiheit ...« – Es wird später noch davon zu reden sein, wie die Toleranz in der modernen Gesellschaft, die eine hochkomplexe Gesellschaft ist, eine besondere Note bekommen hat, und daß sie heute sehr viel schwieriger zu praktizieren ist als in einfachen, geschlossenen Gesellschaftssystemen. Für das Friedensproblem hat das eine ausschlaggebende, aber noch kaum zur Kenntnis genommene Bedeutung.

Ein weiterer Beleg noch. Der Verhaltensforscher Konrad Lorenz, der sich sehr eingehend mit der Friedensproblematik auseinandergesetzt hat, führt an einer signifikanten Stelle aus (1980, S. 86f.): Es ist richtig und legitim, daß wir die uns von unseren Eltern, unserer Tradition, unserer Kultur überlieferten Normen und Riten als »gut« ansehen. »Wir müssen uns aber mit aller Kraft unserer verantwortlichen Vernunft davor hüten, unserer natürlichen Neigung nachzugeben, die sozialen Riten und Normen anderer Kulturen als minderwertig anzusehen. Die dunkle Seite der Scheinartenbildung ist, daß sie uns in die Gefahr kommen läßt, die Mitglieder anderer Scheinarten nicht als Menschen anzusehen ... Die moralische Konsequenz aus der Naturgeschichte der Scheinartenbildung ist, daß wir lernen müssen, andere Kulturen zu tolerieren, unsere eigene kulturelle und nationale Arroganz abzuwerfen und uns klarzumachen, daß die sozialen Normen und Riten anderer Kulturen, denen ihre Mitglieder die Treue halten wie wir den unsrigen, das gleiche Recht haben, respektiert und als heilig angesehen zu werden. Ohne die Toleranz, die aus dieser Erkenntnis entspringt, ist es nur zu einfach für einen Menschen, die Personifikation des Bösen in dem zu sehen, was für seinen Nachbarn das Heiligste ist. Gerade die Unverbrüchlichkeit der sozialen Normen und Riten, in der ihr höchster Wert liegt, kann zu dem schrecklichsten aller Kriege führen, zu dem Religionskrieg – und gerade er ist es, der uns heute droht!«

Vielleicht möchte man einwenden, es sei nicht der Religions-krieg, der uns droht, zu befürchten sei vielmehr ein Krieg der Supermächte um die Vorrangstellung in der Welt. Gewiß, aber dieser Krieg würde auf der Basis absolut gesetzter weltanschau-licher Positionen geführt, und das ist schließlich nichts anderes als ein Religionskrieg. Daß die Sowjets den Marxismus-Leni-nismus als die einzig wahre Lehre ansehen, ist bekannt, und man kann es vielfach belegen. Daran ändert auch die Tatsache nichts, daß sie in der gegenwärtigen Situation aus Klugheit eine Politik der Koexistenz betreiben. Aber auch die führende Macht des Westens ist diesem Gut-Böse-Denken verhaftet, auch die führenden Persönlichkeiten der USA erklären ihre Moral für die allein richtige – mit dem Unterschied freilich, daß es bei ihnen diesbezüglich einen Wandel gibt. Carl Friedrich von Weizsäcker, der wahrhaftig kein Wortführer des Antiame-rikanismus ist, hat einmal gesagt: »Die Amerikaner muten uns als Folge ihres innenpolitischen Systems rund alle vier Jahre zu, eine völlig neue Politik als die einzig moralisch gerechtfertigte zu verstehen und mitzumachen« (1982, S. 20). Das ist aber nicht nur mißlich, es ist auch gefährlich. Positionen, die als die »einzig moralischen« ausgegeben werden, sind grundsätzlich intolerant, und Intoleranz ist ein teuflischer Kriegsbazillus.

III. Die Lehre vom »gerechten Krieg«

Wenn man sich in der Geschichte umsieht, wird man finden, daß es überhaupt nur »gerechte« Kriege gegeben hat. Jedenfalls haben diejenigen, die den Krieg gewonnen haben, immer einen »gerechten« Krieg geführt; sie wurden ja auch nie dafür zur Verantwortung gezogen. Nun hat es in der Tat gerechte Kriege gegeben. Ich sagte schon, der Krieg gegen Hitler-Deutschland war ein solcher, wenigstens in der Tendenz, wenn auch nicht in allen einzelnen Kriegshandlungen.

Auch Ilmar Tammelo, ein international angesehener österreichisch-australischer Rechtsphilosoph, sagt, daß Kriege der Sache der Gerechtigkeit dienen können. Aber er sagt auch, daß »Ungerechtigkeit sich besonders und in abschreckender Weise in den modernen Kriegen manifestiert. Diese Kriege bringen unverdientes Leid über viele unschuldige Menschen, auch über jene, die ihr Äußerstes getan hatten, um den Krieg zu vermeiden oder ihn zu beenden« (S. 47 f.). Und in der Tat ist eben dies das Problem, ob nämlich unter den *heutigen* Umständen ein Krieg noch gerecht sein kann und ob nicht zumindest der Atomkrieg geächtet werden muß. Um darauf eine Antwort zu finden, müssen wir einen Blick auf die traditionelle Lehre vom »gerechten Krieg« werfen, denn die hier anzutreffenden Argumente spielen auch bei der aktuellen Friedens- bzw. Kriegsdiskussion noch eine beträchtliche Rolle.

In neuerer Zeit, eigentlich erst in unserem Jahrhundert, hat sich der Gedanke durchgesetzt, daß Angriffskriege verboten, Verteidigungskriege dagegen erlaubt seien. Das ist in vielen internationalen Vereinbarungen festgelegt worden, z. B. in der Völkerbundsatzung, im Briand-Kellog-Pakt, in den Statuten der Vereinten Nationen und wo noch. Die Folge war, daß es fortan nur noch »Verteidigungskriege« gab (auch Hitler behauptete, einen solchen zu führen) und daß die »Kriegsministerien« in »Verteidigungsministerien« umgetauft wurden. Richtig ist natürlich das Gegenteil: »Beispiele für Kriege, die nachweisbar ausschließlich zum Zwecke der Verteidigung geführt wurden, sind sehr selten« (Ikeda, S. 235f.).

Ursprünglich war das Merkmal eines »gerechten« Krieges auch gar nicht, daß er zur Verteidigung, sondern daß er für »die gute Sache« geführt wurde. Wer »die gute Sache« vertrat, durfte auch angreifen, und das hat man in den Zeiten der Religionskriege und Kreuzzüge ja auch weidlich getan. So kommt es nicht von ungefähr, daß auch heute noch die Meinung vertreten wird, für den »gerechten« Krieg sei die Unterscheidung von Angriff und Verteidigung belanglos. Wie schon gezeigt, sind ja auch moderne Kriege solche für das »Gute« und gegen das »Böse«. Die UdSSR überziehen Afghanistan mit Krieg, um diesem Land die Segnungen des Marxismus zu erhalten. Die USA intervenieren in Mittelamerika mit Waffenlieferungen, um dort die Demokratie westlicher Prägung zu retten – in Chile tun sie das nicht. Man muß schon sehr rabulistisch geschult sein, um in diesen Fällen von »Verteidigung« zu sprechen.

Der Vater der Lehre vom »gerechten Krieg« ist Augustinus (ausführlich zur ganzen Lehre: Hirtenworte [USA], S. 173ff.). Nach ihm handelt es sich nur dann um ein »bellum iustum«, wenn der Krieg als Mittel zur Wiederherstellung des verletzten Rechts dient, wenn er also ein gerechtes Ziel verfolgt und wenn die angewendeten Methoden rechtmäßig sind. Thomas von Aquin hat diese Doktrin im wesentlichen übernommen, jedoch noch verfeinert. Seitdem unterscheidet man zwischen den Kriterien des »ius ad bellum«: die Frage, *wann* die Bedingungen gegeben sind, die den Eintritt in einen Krieg erlauben – und den Kriterien des »ius in bello«: die Frage, *wie* ein gerechtfertigter Krieg geführt werden muß.

Zur ersten Frage: Der Eintritt in einen Krieg ist erlaubt, wenn ein gerechter Grund dafür vorliegt, wenn ihn die zuständige Autorität führt, wenn die zu rettenden Werte höheren Rang haben als die zu opfernden Güter, wenn der Krieg in der rechten Absicht geführt wird, wenn er das letzte Mittel zur Rettung der bedrohten Güter ist, wenn der Erfolg wahrscheinlicher ist als der Mißerfolg und wenn die Verhältnismäßigkeit zwischen Nutzen und Schaden gewahrt ist. Zur zweiten Frage: Hier werden vor allem zwei Grundsätze genannt: wieder das Prinzip der Verhältnismäßigkeit und sodann das Prinzip der Unterscheidung zwischen Kämpfenden und Nicht-Kämpfenden (Kombattanten und Nichtkombattanten).

Bei Luther (»Ob Kriegsleute auch im seligen Stand sein können«, 1526) taucht dann allerdings schon der Gedanke auf, daß ein Krieg einzig dann erlaubt sein kann, wenn er zur Abwehr eines akuten, tatsächlich erfolgenden Angriffs notwendig ist. Doch hat dieser Gedanke zunächst keine Konsequenzen gezeitigt. Die Lehre vom »gerechten Krieg« wurde in der Folgezeit vielmehr zu einer bloßen Formel heruntergespielt, besonders seit im Zeitalter der Kabinettskriege die Machtfrage in den Vordergrund trat (etwa in den Kriegen zwischen Friedrich II. und Maria-Theresia). Hier wurzelt zugleich die Idee vom »Gleichgewicht der Macht«, woraus dann auch die Berechtigung abgeleitet wurde, einen Präventivkrieg zur Verhinderung der Übermacht eines Staates zu führen. Daß dieses Gedankengut heute noch eine große Rolle spielt, braucht man nicht zu betonen.

Wie schon erwähnt, ist heute die Auffassung vorherrschend, daß nur ein *Verteidigungskrieg* erlaubt ist, nicht aber ein Angriffskrieg. Ein »ius ad bellum« im Sinne der alten Lehre vom »gerechten Krieg« gibt es demnach nicht mehr. In Artikel 2 Nr. 4 der Satzung der Vereinten Nationen ist bestimmt, daß Kriege nur noch erlaubt sind entweder als Ausübung des Rechts auf individuelle oder kollektive Selbstverteidigung oder als militärische Sanktion des Sicherheitsrats zur Aufrechterhaltung oder Wiederherstellung des internationalen Friedens und der internationalen Sicherheit.

Das ist aber, wie man hinzufügen muß, keineswegs einhellig anerkannt. Gundlach, den ich schon als einen intimen Berater Pius XII. vorgestellt habe, sieht das anders. Ich will ihn etwas ausführlicher zu Wort kommen lassen, weil er im Grunde die Lehre vom »gerechten Krieg« konsequenter formuliert als die gängige Völkerrechtstheorie und weil er mit seiner Gedankenführung glaubt, auch den atomaren Krieg rechtfertigen zu können. Er schreibt (S. 108 f.): »Immer ist der Krieg als Weg zu neuer Friedensordnung gemeint, als eine sicherlich ultima ratio zu ihr, als ein allerletztes Mittel. Die etwas formalistische Auffassung von der Politik als Machtgeschehen, die bei Clausewitz anklingt, wo er formuliert: ›Der Krieg ist eine bloße Fortsetzung der Politik mit anderen Mitteln‹, erscheint in der dauernden Lehre der Kirche vom Krieg bestätigt, aber mehr inhaltlich gefüllt. Der Staat ist eine eigengeartete Ordnungsmacht für das Recht im Zusammenleben der Menschen, um die Menschentumswerte und ihre Entwicklung zu schützen, ist also Friedensordnung unter den Menschen und auch unter den Völkern ... Und Kriegführen als politisches Handeln ist, wenn überhaupt sinnvoll, Weg von dem durch Rechtsbruch oder auch nur Rechtsstörung behinderten Frieden zu dem wiederherzustellenden Frieden. So zieht sich von früh an bis zu Pius XII. in der Lehre der Kirche der eine leitende Gedanke: Krieg ist Gewaltanwendung im Dienst des Rechts, das wesentlich zur Friedensordnung gehört. Der Krieg ist also an sich nicht unsittlich, wenn man nicht überhaupt den unbezweifelbaren Grundsatz von der physischen Erzwingbarkeit des Rechts leugnen und aufgeben will. Und es ist auch klar, daß hier, wo es sich um gestörte Rechtsordnung handelt, Verteidigungs- und Angriffskrieg zuletzt keinen Unterschied machen.« Wie Gundlach dann den Bogen schlägt zur Auffassung von der Rechtmäßigkeit unter Umständen auch eines Atomkriegs – und dies selbst als Angriffskrieg –, werde ich später zeigen. Man sollte aber noch anmerken, daß Gundlach keineswegs als Außenseiter gesprochen hat, wenn ich auch Zweifel habe, ob sich seine Meinung genau mit derjenigen Pius XII. deckte.

Doch zurück zu der Unterscheidung zwischen Angriffs- und Verteidigungskrieg. Ohne Zweifel gab es erlaubte Verteidigungskriege, und es ist – prinzipiell – nicht auszuschließen, daß es auch in Zukunft solche geben kann. Wer den Angreifer in Notwehr verletzt oder, falls unvermeidlich, tötet, handelt rechtmäßig. Das ist grundsätzlich auch im Verhältnis der Völker zueinander so. Es ist deshalb auch Rechtens, sich gegen einen möglichen Angriff zu wappnen, schon um nicht erpreßbar zu sein. Indessen kann man dies mit einiger Plausibilität nur für die Verteidigung mit konventionellen Waffen sagen. Im konventionellen Bereich ist es auch, so wird von sachkundiger Seite versichert, möglich, sich auf die Ausrüstung mit rein defensiven Waffen zu beschränken.

Aber ist auch eine *Verteidigung mit nuklearen Waffen* »gerecht«? Das ist die Frage, die heute im Mittelpunkt des Interesses und der weltweiten Diskussion steht. Die Frage ist deshalb so besonders schwierig, weil ein moderner Krieg, sofern die Supermächte daran beteiligt sind, zwangsläufig zum Atomkrieg werden muß, auch wenn er nur konventionell begonnen wird. Denn die Macht, die mit herkömmlichen Waffen zu unterliegen droht, wird keinesfalls kapitulieren, sondern durch den Einsatz von Atomwaffen eine Wende zu ihren Gunsten herbeizuführen versuchen. In diesem Sinne scheint es mir in der Tat richtig, wenn Wilkens sagt (S. 54), im nuklearen Zeitalter sei Verteidigung ohne Nuklearwaffen nicht möglich. Aber ist eine solche »Verteidigung« auch rechtmäßig? Für die Beantwortung dieser Frage kommt es maßgeblich darauf an, ob man mit nuklearen Waffen überhaupt etwas verteidigen kann. Wie oben gezeigt, hängt nach traditioneller Lehre die Gerechtigkeit eines Krieges wesentlich davon ab, ob eine Erfolgsaussicht besteht, d. h., ob mehr oder höhere Güter gerettet werden können, als zerstört werden. Die Verhältnismäßigkeit ist ein entscheidendes Kriterium, besonders deswegen, weil in einem modernen Krieg – Atomkrieg! – nicht nur Kombattanten, sondern weitaus mehr Nichtkombattanten getötet und verletzt werden.

Nun wird von manchen behauptet, ein Atomkrieg unterscheide sich nicht grundlegend von einem Krieg mit herkömmlichen Waffen. Norman z. B. sagt (S. 143, 148), daß frühere Kriege einem modernen Atomkrieg durchaus vergleichbar seien. Nach seiner Meinung sind überhaupt »die meisten großen geschichtlichen Veränderungen ... durch Waffengewalt herbeigeführt worden«, und er hält es für »wenig wahrscheinlich, daß dies in Zukunft sehr viel anders sein wird« – also die alte Heraklitische Lehre vom Krieg als dem »Vater aller Dinge« (was natürlich nicht stimmt: die großen Veränderungen, etwa die Botschaft Jesu oder die Buchdruckerkunst, kamen nicht durch Kriege in die Welt). Und wie der Anglikaner Norman, so kommen auch die katholischen Theologen Hirschmann (S. 290 ff.), Gundlach (S. 112 f., 115) und Monzel (S. 55 ff.) zu dem Resultat, daß ein Atomkrieg nicht in sich unsittlich und somit nicht schlechterdings ungerecht sei.

Es hat den Anschein, daß bei ihnen die Zeit stehengeblieben ist. Wir leben nicht mehr im Mittelalter und inzwischen auch nicht mehr in der Neuzeit. Wilkens schreibt ganz richtig (S. 60): »Der Lehre vom gerechten Krieg liegt ein naturrechtliches Modell zugrunde, dessen geschlossene Wertordnung wie ein Koordinatennetz für alle denkbaren sittlichen Entscheidungsfälle von vornherein und gleichbleibend die Bedingungen für gut oder böse, sündig oder nichtsündig bestimmt.« Diese geschlossene Welt von ehedem war typischerweise eine Welt der Intoleranz, und in gewissem Sinne konnte sie es auch sein. Die Wahrheit, derer man sich sicher war, mußte man den Irrenden vermitteln, notfalls mit Gewalt. Unsere heutige komplexe Welt dagegen kann nur als eine offene existieren, denn in unserer Zeit kann man nicht mehr an einem Naturrechtssystem ablesen, was gut und was böse ist. Gewiß gibt es Richtpunkte für unser Handeln, aber die Entscheidung in der konkreten Situation bleibt dennoch eine riskante und ungesicherte, weil wir uns in der komplexen Gesellschaft häufig entscheiden müssen, ohne uns zuvor von der Richtigkeit dieser Entscheidung überzeugen zu können. Die Toleranz ist daher zur Lebensfrage für uns geworden.

Wir müssen die Denkungsart der geschlossenen Gesellschaft, die Einteilung der Welt in »gut« und »böse«, endgültig verabschieden. Nicht daß deshalb alles als gleichermaßen gut oder als gleichermaßen böse zu erachten wäre. Ich halte das Leben in einem demokratischen Rechtsstaat westlicher Prägung für unvergleichlich viel lebenswerter als das Leben in einem sozialistischen Staat. Aber die Sowjetunion ist doch nicht »der Quell alles Bösen«, vor allem die Menschen dort sind es, wie sich jeder überzeugen kann, nicht – da stimme ich mit vielen, die sich an Ort und Stelle umgesehen haben, überein. In seiner Antrittsrede sagte unser jetziger Bundespräsident Richard v. Weizsäcker: »Wir verlieren unser Unterscheidungsvermögen zwischen Freiheit und Tyrannei keineswegs, wenn wir die Menschen in der Sowjetunion für so gut oder so böse halten wie uns selbst.« Und er sagte auch, daß mit Atomwaffen keine Konflikte gelöst und keine Werte geschützt werden können (ich stütze mich hier auf Presseberichte).

Die Welt hat sich in entscheidenden Punkten gewandelt, und daher kann man heute nicht mehr mit der alten Lehre vom »gerechten Krieg« argumentieren. Der Völkerrechtler Berber bezeichnet »die Überwindung der Lehre vom gerechten Krieg im Zeitalter der Toleranz und der Humanität« als »einen entscheidenden Fortschritt« (S. 32). Im selben Geist empfiehlt der evangelische Theologe Pannenberg »dringend eine Revision der überlieferten Lehre vom gerechten Krieg« (S. 87). Es ist auch ganz abwegig, wenn behauptet wird, ein Atomkrieg unterscheide sich nicht grundlegend von früheren Kriegen. Da gibt es viele Unterscheidungsmerkmale. Mit Atomwaffen kann man nicht nur Städte zerstören, sondern ganze Länder und Kontinente. Sie treffen hauptsächlich die unschuldige Zivilbevölkerung. Die Überlebenden eines Atomangriffs sind für ihr ganzes Leben gezeichnet, und die Folgen treffen selbst die Nachkommen, da die atomare Strahlung zu Mutationen und Genschäden führen kann. In Hiroshima habe ich erfahren, daß viele überlebende Frauen trauernd abgetrieben haben, um nicht ein geschädigtes Kind zu bekommen. Sodann: Alle Atomwaffen sind auch zum Angriff tauglich, alle eignen sich zum Erstschlag und deshalb zu einem Präventivkrieg. Die Vorbereitungen für einen Verteidigungskrieg sind von denen für einen Angriffskrieg nicht mehr zu unterscheiden. Darin liegt eine große Gefahr. Und wenn es auch noch in den neuzeitlichen Kriegen so etwas wie »Soldatentum« und vielleicht sogar »Heldentum« gegeben haben mag, also eine noch irgendwie »ritterlich« zu nennende Weise des Kampfes, so gibt ein atomarer Krieg »keine Gelegenheit mehr, das alte heldische Ideal zu erfüllen« (Freud, S. 285), denn ein atomarer Krieg hat die »Zersetzung des bisherigen Soldatentums« zur Folge (Jaspers 1983, S. 83). Garbe (S. 30) zitiert den Flieger von Hiroshima: »Irgendwelche persönlichen Empfindungen hatte ich damals nicht, und ich habe sie heute nicht. Sollte ich morgen die noch verheerendere Wasserstoffbombe irgendwo abzuwerfen haben, dann tue ich es genauso.«

Das ist ein ganz entscheidender Punkt. Das Töten, und auch das Töten in großem Stil, ist so ungeheuer leicht geworden. Mit einem Knopfdruck kann man das Leben von vielen Tausenden, ja Millionen Menschen auslöschen. Diese Leichtigkeit des Tötens und vor allem die verfeinerte Tötungstechnik, die zur Folge hat, daß der Tötende mit den Folgen seines Tuns nicht konfrontiert wird, schirmen ihn gegen die Reizsituationen ab, die ihm andernfalls die Entsetzlichkeit seines Tuns nahebringen würden. Das Töten ist ein verdinglichter Vorgang geworden. Dadurch werden die Tötungshemmungen enorm herabgesetzt. Der Ausspruch des Hiroshima-Bombenfliegers zeigt das mit aller Deutlichkeit. Hätte er das unermeßliche Grauen, das er angerichtet hat, mitansehen müssen, so könnte man schwerlich glauben, daß er zu solchem Tun ein zweites Mal bereit wäre.

Vor allem aber: Was glaubt man denn, in einem Atomkrieg verteidigen zu können? Die Atomwaffen zerstören, was sie zu verteidigen vorgeben. Sie zerstören Leben in einem unvorstellbaren Ausmaß. Und wenn auch – einmal unterstellt – das Leben nicht der höchste menschliche Wert ist, so ist es doch der fundamentalste Wert, so daß mit dem Verlust des Lebens auch alle anderen Werte verloren sind. Im Atomkrieg kann es keinen Schutz der Gerechtigkeit mehr geben, denn er selber zerstört die Gerechtigkeit, von Verteidigung kann nicht mehr die Rede sein, wo sich die Rechtsordnung in der »Verteidigung« selbst gegenstandslos macht, da aus der »Verteidigung« unbegrenzte Vernichtung wird. »Der Krieg hat seine Ehre verloren«, er »hat, indem er seiner eigenen Logik bis zur letzten Konsequenz folgte, sich selbst sittlich unmöglich gemacht« (Radbruch 1929, S. 197f.). Der moderne Krieg ist ungerecht, und daher geziemt »am wenigsten den Juristen«, sich mit ihm »wie einem unabwendbaren Unheil abzufinden« (Radbruch 1973, S. 307).

Man hüte sich auch vor der »fahrlässigen Sprechweise« eines »begrenzten Atomkriegs« (Pannenberg, S. 84). Ob ein Atomkrieg auf Europa oder auf Mitteleuropa zu begrenzen wäre, vermag ich nicht zu beurteilen. Jedenfalls ließe er sich nicht in der Weise unter Kontrolle bringen, daß überwiegend militärische und für die Kriegsführung bedeutsame Ziele getroffen würden oder daß auch nur die Chance bestünde, eine große Mehrheit der Bevölkerung könnte überleben. Dann aber fehlt es an der Verhältnismäßigkeit von Gewinn und Verlust. Selbst wenn man unterstellt, daß in einem Atomkrieg Leben und Freiheit einer beträchtlichen Zahl von Menschen gerettet werden könnten (eine äußerst optimistische Annahme), wäre das kein gerechter Grund dafür, daß viele Millionen alles opfern müssen. Man kann als einzelner den Standpunkt vertreten, daß man lieber sterben als in einer Diktatur leben will. Doch niemand ist berechtigt, eine solche Entscheidung für das ganze Volk zu treffen und es untergehen zu lassen. Für die große Mehrzahl der Menschen ist auch das Leben in einer Diktatur erträglich, denn »keine Situation ist absolut hoffnungslos« (Jaspers 1983, S. 229). Münster, der die Verhältnisse in der Sowjetunion insgesamt sehr negativ beurteilt, meint aber doch, »daß es auch unter sowjetischer Herrschaft trotz der ungeheuerlichen Bedrohung, die sie für alles darstellt, was uns wert ist, Glaube, Hoffnung und Liebe geben kann« (S. 98). Übrigens war der Gesichtspunkt der Unkontrollierbarkeit der »wissenschaftlichen Waffen« ein entscheidendes Argument der Konzilsväter für die grundsätzliche Ächtung des Atomkriegs: »Die Anwendung solcher Waffen im Krieg vermag ungeheure und unkontrollierbare Zerstörungen auszulösen, die die Grenzen einer gerechten Verteidigung weit überschreiten« (Gaudium et Spes, Nr. 80).

Nach der traditionellen Lehre vom »gerechten Krieg« ist erforderlich, daß begründete Aussicht auf Erfolg besteht, also daß man siegen wird. Indessen ist »die gewaltigste und gefährlichste Illusion unserer Zeit die, daß irgendeine Nation einen totalen Atomkrieg gewinnen könnte« (Niilus, S. 90). Einen Atomkrieg gewinnt niemand, die Menschheit verliert ihn. Davon abgesehen übersehen die Verfechter der Auffassung: »Victory is possible« (Quellenangaben bei Mechtersheimer/Barth, S. 48 ff.) regelmäßig einen wichtigen Punkt: Wer sagt denn, daß der *Westen* einen solchen Krieg gewinnen würde? Verliert er ihn, haben Millionen Menschen ihr Leben und alle übrigen ihre Freiheit eingebüßt.

Trotz alledem halten nicht wenige auch einen totalen Atomkrieg unter bestimmten Umständen für sittlich erlaubt und gerecht. Ich führe ein paar Beispiele dafür an, weil es höchst lehrreich ist, sich klarzumachen, wohin eine völlig konsequente Argumentation für einen »gerechten« Atomkrieg führt. Es geht darum, ihm einen »letzten Sinn« zu geben.

Gemeinsam ist allen diesen Begründungsversuchen, daß die »extrem positive Bewertung des leiblichen Lebens«, die heute »als Wurzel des absoluten Pazifismus wirksam ist«, zurückgewiesen wird (Monzel, S. 55). Man beschwört die »unverzichtbaren Werte«, und was das heißt, beschreibt Norman so (S. 149): Der Christ muß sich »jetzt wie zu allen Zeiten zu der Entscheidung durchringen, ob es angeht, ideelle Werte mit Gewalt zu verteidigen, andere Menschen zu töten, um zu bewahren, was ihm als die Wahrheit gilt. Ist die Entscheidung wie fast immer in der Geschichte der Christenheit zugunsten der durch die Umstände erzwungenen Anwendung von Gewalt gefallen, dann wird ... das ungeheure Vernichtungspotential der Kernwaffen dem alten Zustand kaum etwas Neues hinzufügen. Die Kernwaffen gemahnen uns, daß der Mensch hinfällig und seines Lebens nie sicher ist, aber bereit, es um seiner Ideale willen aufs Spiel zu setzen.«

Einen noch schrilleren Ton schlägt Hirschmann an (S. 287 ff.). Er hält die Ablehnung der atomaren Rüstung für »pseudo-humanitären Manichäismus«. Das Recht auf Leben und körperliche Integrität, also das Fünfte Gebot, gehe nicht so weit, daß eine im Rahmen gewaltsamer Verteidigung verursachte Verletzung von Körper oder Leben zum Unrecht würde. »Die Hinnahme solcher Verletzung sowohl seitens dessen, der Gewalt braucht, wie dessen, der sie erleidet, kann sittlich durchaus einwandfrei und zumutbar sein. Sie kann Ausdruck, ja selbst Forderung der Liebe sein.« Und damit man das nur ja nicht mißversteht, fügt er hinzu: »Der Mut, unter Aussicht auf millionenfache Zerstörung menschlichen Lebens in der heutigen Situation das Opfer atomarer Rüstung zu bejahen, kann der Haltung des heiligen Franziskus innerlich näher stehen und mehr Geist vom Geist der Theologie des Kreuzes atmen als ein Denken, das naturrechtliche Prinzipien vorschnell einem undurchdachten Theologumenon opfert: wie es heute in breiter Front evangelische Pfarrer und Theologen tun. Was sie opfern, ist ein gut Stück gemeinsamer christlicher Substanz.«

Ich muß gestehen, daß ich diese Gedanken kaum nachzuvollziehen imstande bin. Vollends unmöglich wird es mir bei der Argumentation Gundlachs (S. 120f., 131): »Der Krieg ist nur im Zusammenhang mit dem gestörten Recht zu verstehen. Diese gestörte Rechtsordnung der Welt kann ... von einer so ungeheuren Bedeutung werden – etwa um das Recht Gottes, das er auf uns hat, oder auch um das Recht, das wir selber haben, um in den Himmel zu kommen und die Kinder dahin zu führen –, daß sie auch einen außerordentlichen, ja einen ungeheuren Einsatz rechtfertigt. Ja, sogar der Untergang eines ganzen Volkes in der Manifestation der Treue zu Gott gegen einen ungerechten Angreifer kann einen solchen Wert darstellen, daß dies gerechtfertigt wäre. Ist das noch sinnvoll? Nur dann, wenn die Ethik mehr ist als eine Sozial-Eudämonie.« Und auch hier wird kein Zweifel gelassen: »Sogar für den Fall, daß nur eine Manifestation der Majestät Gottes und seiner Ordnung, die wir ihm als Menschen schulden, übrigbleibt. Ja, wenn die Welt untergehen sollte dabei, dann wäre das auch kein Argument gegen unsere Argumentation. Denn wir haben erstens die sichere Gewißheit, daß die Welt nicht ewig dauert, und zweitens haben wir nicht die Verantwortung für das Ende der Welt. Wir können dann sagen, daß Gott der Herr, der uns durch seine Vorsehung in eine solche Situation hineingeführt hat oder hineinkommen ließ, wo wir dieses Treuebekenntnis zu seiner Ordnung ablegen müssen, dann auch die Verantwortung übernimmt.«

Der Leser möge die Ausführlichkeit der Zitate entschuldigen. Ich hielt sie für erforderlich, damit mir niemand vorwerfen kann, ich hätte etwas aus dem Zusammenhang gelöst. Dafür kann ich auf einen Kommentar verzichten. Die Texte sprechen für sich. Einem Leser, der darin seine Vorstellung von Gott und vom Christentum wiederfindet, könnte ich ohnehin nicht erwidern. Mich trennen Welten davon. Ich möchte nur sagen, daß die Argumentation der drei Theologen in der Tat die einzig konsequente ist, um einen Atomkrieg zu »rechtfertigen«.

Ob das auch die Auffassung Pius XII. gewesen ist, wie namentlich Gundlach behauptet, möchte ich mit einem Fragezeichen versehen. Doch wenn es so wäre – die radikale Abwendung von solchen apokalyptischen Rechtfertigungsversuchen des atomaren Krieges hat sein Nachfolger Johannes XXIII. vollzogen. In seiner Enzyklika »Pacem in terris« fordert er, »daß an die Stelle des obersten Gesetzes, worauf der Friede sich heute stützt, ein ganz anderes Gesetz trete, wonach der wahre Friede unter den Völkern nicht durch die Gleichheit der militärischen Rüstung, sondern nur durch gegenseitiges Vertrauen fest und sicher bestehen kann«, und er nennt das »ein Gebot der gesunden Vernunft«. Weiter heißt es: »Mehr und mehr hat sich in unseren Tagen die Überzeugung unter den Menschen verbreitet, daß die Streitigkeiten, die unter Umständen zwischen den Völkern entstehen, nicht durch Waffengewalt, sondern durch Verträge und Verhandlungen beizulegen sind.« Und dann kommt die Quintessenz aus diesen Überlegungen: »Freilich gestehen Wir, daß diese Überzeugung von der schrecklichen Zerstörungsgewalt der modernen Waffen herrührt, von der Furcht vor dem Unheil grausamer Vernichtung, die diese Art von Waffen herbeiführen kann. Darum widerstrebt es in unserem Zeitalter, das sich rühmt, Atomzeitalter zu sein, der Vernunft, den Krieg noch als das geeignete Mittel zur Wiederherstellung verletzter Rechte zu betrachten« (Nr. 113, 126, 127).

Das ist eine unmißverständliche Absage an die Lehre vom »gerechten Krieg« (Engelhardt, S. 113; Greinacher, S. 103) und vor allem eine Ächtung des Atomkriegs. *Ein Atomkrieg kann niemals ein gerechter Krieg sein* (Münster, S. 103), ein Atomkrieg ist unsittlich und unchristlich (Alt 1983, S. 72), er ist ein Verbrechen (Gaudium et Spes, Nr. 80). Man kommt deshalb auch nicht um die Feststellung herum, daß der Abwurf der Atombomben auf Hiroshima und Nagasaki kein gerechtfertigter Kriegsakt war, dies um so weniger, als keinerlei Notwendigkeit dafür bestand, da die Japaner zu dieser Zeit unmittelbar vor der Kapitulation standen. Für den Abwurf kann man auch nicht geltend machen, er habe amerikanischen Soldaten den Einsatz ihres Lebens erspart, denn dies widerspricht dem Prinzip der Verhältnismäßigkeit, zumal hier Zivilpersonen gegen Soldaten aufgerechnet würden. Das historische Beispiel Japan zeigt auch, daß ein konventioneller Krieg dann in einen Atomkrieg übergeht, wenn sich eine Seite davon einen Vorteil verspricht. Die Ächtung des Atomkriegs bedeutet daher unter den heute gegebenen Umständen, daß auch ein konventioneller Krieg unter den Supermächten unzulässig sein muß, weil er mit großer Wahrscheinlichkeit in einen nuklearen Krieg führen würde. Johannes XXIII. hat ja auch jeglichen Krieg verurteilt.

Man muß sich fragen, warum die Stellungnahme des »Friedenspapstes« so wenig Resonanz gefunden hat, warum namentlich die sich »christlich« nennenden Parteien nicht auf diesen Kurs eingeschwenkt sind. Liegt es daran, daß die Kirche nach Johannes XXIII. wieder mehr auf Kurs der Unionsparteien gegangen ist? Zwar wird auch jetzt noch der Atomkrieg verworfen. Die deutschen Bischöfe sagen: »Der Einsatz von Atomwaffen oder anderen Massenvernichtungsmitteln zur Zerstörung von Bevölkerungszentren oder anderen vorwiegend zivilen Zielen ist durch nichts zu rechtfertigen«; und ebenso die US-Bischöfe: »Wir können uns keine Situation vorstellen, in der die vorbedachte Einleitung nuklearer Kriegsführung, und sei sie noch so begrenzt, moralisch gerechtfertigt werden könnte« (Hirtenworte, S. 69, 132). Das scheint klar. Aber man muß genau lesen: der *Einsatz* von Atomwaffen wird verworfen, die *Einleitung* nuklearer Kriegsführung. Ist aber wenigstens die *Abschreckung* des Gegners mit Kernwaffen erlaubt?

Diese Frage bildet den Angelpunkt des heutigen Streits um Krieg und Frieden. Ihr wenden wir uns im nächsten Kapitel zu.

IV. Erlaubte nukleare Abschreckung?

Die Führer der katholischen Kirche heute lehnen die *Anwendung* atomarer Waffen ab, die *Drohung* damit soll hingegen erlaubt sein. Da ich auf die Genauigkeit der Argumentation Wert lege, muß ich auch an dieser Stelle ein paar Zitate bringen. Im Juni 1982 hat Papst Johannes Paul II. vor der UNO erklärt: »Unter den gegenwärtigen Bedingungen kann eine auf dem Gleichgewicht beruhende Abschreckung – natürlich nicht als Ziel an sich, sondern als ein Abschnitt auf dem Weg einer fortschreitenden Abrüstung – noch für moralisch annehmbar gehalten werden. Um jedoch den Frieden sicherzustellen, ist es unerläßlich, daß man sich nicht mit einem Minimum zufrieden gibt, das immer von einer wirklichen Explosionsgefahr belastet ist« (zitiert nach Wilkens, S. 67). Die deutschen und die amerikanischen Bischöfe haben diese Formulierung wörtlich übernommen (Hirtenworte, S. 64, 129). Auch der führende katholische Naturrechtslehrer Johannes Meßner argumentiert so (S. 692 f.): Der Gebrauch von Atombomben sei in jedem Falle unstatthaft, nicht aber die Drohung damit, um einen Gegner, der sie anwenden will, abzuschrecken.

Daß in dieser Argumentation ein »kaum auflösbarer Widerspruch« liegt (Hirtenworte [Bundesrepublik], S. 66 f.), eine »Paradoxie« (Hirtenworte [Niederlande], S. 304), eine »Aporie« (Sutor, S. 470), ein »Dilemma« (Becker, S. 113; Greinacher, S. 107 f.), wird allenthalben eingeräumt. Doch diese Widersprüchlichkeit müsse hingenommen werden, weil ohne wirksame Abschreckung ein Krieg, namentlich ein Atomkrieg, nicht verhütet werden könne. Aus der Geeignetheit zur Kriegsverhütung wird die moralische Annehmbarkeit – »*noch* moralisch annehmbar« – der nuklearen Abschreckung abgeleitet.

Darüber, ob die Abschreckung mit Atomwaffen wirklich wirksam ist, kann man nur Spekulationen anstellen. Gewiß, die Behauptung, ohne Atomwaffen hätte es längst einen Dritten Weltkrieg gegeben (Sutor, S. 472; Carl Friedrich v. Weizsäcker 1982, S. 19), ist nicht widerlegbar. Ganz kalte Spekulanten sagen freilich, es wäre besser, der Dritte Weltkrieg hätte schon stattgefunden (gleich nach Hitlers Niederringung), denn er komme doch, und dann werde er um vieles schrecklicher. Aber es hat keinen Sinn, sich auf solche Mutmaßungen einzulassen. Stützt man sich auf Tatsachen, dann läßt sich nur erkennen, daß die Macht, die sich vom Einsatz der Atomwaffen einen Vorteil verspricht, sie auch tatsächlich einsetzt: Hiroshima, Nagasaki.

Doch da ist noch das »München-Trauma«. Ist es nicht auch eine Tatsache, daß die britische Politik des »Appeasement« zum Zweiten Weltkrieg geführt hat? Dagegen sagen manche, Hitlers Armee sei 1939 gar nicht stärker, sondern sogar schwächer gewesen als die seiner Gegner (Bastian, S. 39), die Alliierten seien gar nicht so waffenlos gewesen, wie immer behauptet wird (Schneyder, S. 88). Ich selbst, wenn ich auch einmal spekulieren darf, meine, daß ein Hasardeur wie Hitler, der von Anfang an den Krieg wollte, sich auch durch eine militärische Überlegenheit der Gegner nicht von seiner Absicht hätte abbringen lassen.

Was allein zählt, ist dies: Die Situation von 1938/39 war eine ganz andere als unsere heutige. Hitler wollte unter allen Umständen angreifen. Das war damals klar erkennbar. Die Beschwichtigungspolitik Frankreichs und Großbritanniens war daher unbegreiflich. Daß heute Rußland den Westen, speziell die Bundesrepublik Deutschland, angreifen wolle, ist hingegen nicht sehr wahrscheinlich. Freilich, gegenüber den Beteuerungen, daß Abrüstung *das* Ideal des Marxismus-Leninismus sei (Falin, S. 30), daß die Sowjetunion friedensliebend sei und nur die Verteidigung wolle (Samjatin, S. 30 ff.; Iwanow, S. 104), daß sie keine Expansionsgelüste habe und keine Überlegenheit anstrebe (Kotow, S. 86 ff.; Milstein, S. 49) – gegenüber solchen und ähnlichen Versicherungen ist nach meinem Dafürhalten äußerste Skepsis angezeigt. Ich halte die Sowjetunion, genauer: ihre Führung (nicht die Bevölkerung in ihrer Mehrzahl) für aggressiv. Beispiele wie DDR, Tschechoslowakei, Ungarn und Afghanistan belegen dies. Aber diese Aggressionen erfolgten innerhalb des Machtbereichs der UdSSR. Die Welt ist heute in zwei Kräftelager aufgeteilt, in das von den USA und das von der UdSSR geführte. Was die eine Macht im Bereich ihres Blocks tut, löst zwar unter Umständen den Protest der anderen Macht aus, aber es werden keine gewaltsamen Gegenmaßnahmen getroffen. Dagegen werden Übergriffe in die Sphäre der Gegenmacht nicht hingenommen: die Aggressionen der Sowjetunion gegen Westberlin und im Cuba-Konflikt haben die USA – mit Recht – nicht geduldet. Es gibt da bei den Supermächten ganz bestimmte Spielregeln, die zwar nicht schriftlich formuliert sind, aber streng beachtet werden. Leder (S. 235) hält vor allem zwei Regeln für wichtig, bei deren Verletzung es zum atomaren Schlagabtausch kommen könnte: »Erstens – die USA werden nicht zulassen, daß die Sowjetunion in beträchtlichem Ausmaß weiter expandiert und sich unter eigener Flagge in Gebieten festsetzt, die jetzt noch nicht zu ihrem Einflußbereich gehören. Zweitens – die Sowjetunion kann nicht zulassen, daß ihr Imperium gefährdet wird oder daß ihm auch nur Teile entrissen werden.« Und er fügt hinzu: »Daß die beiden Supermächte gegen diese Regeln verstoßen, ist nicht sehr wahrscheinlich«, wenn sie auch immer wieder versuchen werden, »den status quo zu ihren Gunsten zu verändern«. Ich halte das für eine einleuchtende Argumentation (Tocqueville hat schon um die Mitte des vorigen Jahrhunderts eine solche Kräfteverteilung prophezeit). Allerdings gibt es Gefahrengebiete, bei denen nicht klar ausgemacht ist, in welchen Machtbereich sie gehören, z. B. der Vordere Orient, die Golfregion und manche afrikanischen Staaten. Hier waren und sind Kriege möglich, in die die Supermächte aber nur mittelbar eingreifen und auf keinen Fall atomar. Gewiß ist auch Berlin ein Krisenherd. Doch sollte die Sowjetunion im Falle der Abziehung aller Kernwaffen aus Mitteleuropa Westberlin annektieren wollen, so ließe sich die Stadt, wenn überhaupt, nur konventionell verteidigen.

Vielleicht denken manche meiner Leser, jetzt hätte auch ich mich zu Spekulationen hinreißen lassen. Ich beeile mich deshalb zu versichern, daß ich den Westen und insonderheit die Bundesrepublik Deutschland keineswegs für unbedroht halte. Und ich halte unsere Kultur, unsere Lebensweise, unsere Freiheit auch für verteidigenswert. Die Frage ist nur, ob uns dabei die zur Abschreckung aufgestellten nuklearen Waffen hilfreich oder ob sie nicht eher eine Gefahr sind, und das heißt, ob die atomare Abschreckung überhaupt zulässig ist. Dem aufmerksamen Leser wird aufgefallen sein, daß Papst Johannes Paul II. die Noch-Annehmbarkeit der Abschreckung durch Kernwaffen unter der Voraussetzung erklärt, daß dies »ein Abschnitt auf dem Weg einer fortschreitenden Abrüstung« ist. Noch deutlicher kommt das in der Friedens-Denkschrift der EKD vom Jahre 1981: »Frieden wahren, fördern und erneuern« zum Ausdruck: »Wird der Spielraum, den die gegenseitige Abschreckung vorläufig noch einer politischen Sicherung des Friedens gewährt, nicht dazu genutzt, die Kette der Rüstungsmaßnahmen zu durchbrechen, so wird der Zeitpunkt kommen, wo Skandal und Risiko der Rüstungsspirale höher veranschlagt werden müssen als der Nutzen des Abschreckungssystems« (zitiert nach Wilkens, S. 67; auch Binder, S. 69 ff.). Nun wird auch der glühendste Anhänger der Politik des »Gleichgewichts« und der nuklearen Abschreckung nicht bestreiten können, daß diese Politik seit vielen, vielen Jahren genau in die entgegengesetzte Richtung geführt hat. Die Zahl und die Zerstörungskraft der Atomwaffen nehmen ständig zu. Bisher ist noch jeder Versuch, wenigstens einmal den gegenwärtigen Bestand einzufrieren (»Freeze«), gescheitert. Sobald die eine Macht einen derartigen Vorschlag macht, beeilt sich die andere mit der Versicherung, daß es sich um ein reines Propaganda- und Täuschungsmanöver handle, um den eigenen Vorteil zu sichern. Wäre nicht wenigstens eine sorgfältige Prüfung des jeweiligen Vorschlags geboten? Oder ist man an einer Lösung des Rüstungsproblems vielleicht gar nicht ernsthaft interessiert? Die Situation heute verlangt es, daß man derartige Fragen stellt. Welche Logik hat es, wenn behauptet wird, man müsse die Chancen der Abrüstungsverhandlungen dadurch verbessern, daß man unmittelbar vor und noch während der Verhandlungen weitere Raketen aufstellt und sogar damit beginnt, auch den

Weltraum in die atomare Strategie einzubeziehen (Weltraum-Raketenabwehrsystem SDI)? Ich frage nur. Ich bin nicht mit den Bedingungen dieser Verhandlungen vertraut. Dem common sense jedenfalls leuchtet es nicht ein, daß man zur Abrüstung erst auf dem Umweg über mehr Rüstung gelangen kann. Und die Fakten bestätigen, daß der common sense wohl recht hat: Bisher hat noch keine dieser Abrüstungsverhandlungen zu einem positiven Ergebnis geführt; auch bei dem Gipfeltreffen zwischen Reagan und Gorbatschow im November 1985 in Genf wurde ja kein greifbares Ergebnis, kein Durchbruch erzielt – man muß es heute schon als einen Erfolg buchen, daß die verfeindeten Weltmächte überhaupt wieder miteinander reden. Ist also nicht längst der Zeitpunkt gekommen, an dem man das Abschreckungssystem für gescheitert erklären muß? Es wird immer wieder für Geduld geworben, solche Verhandlungen bräuchten Zeit. Das ist sicher richtig. Aber die Rüstungsschraube müßte doch einmal wenigstens ein klein wenig gelockert werden; wenn sie immer nur weiter angezogen wird, ist nicht zu sehen, wie da auch bei großer Geduld jemals etwas Segensreiches herauskommen soll.

Aber was kann man tun? Kunze (S. 63 f.) hat einmal sehr geistreich unsere Situation mit der eines Autofahrers verglichen, der im Schlamm steckengeblieben ist und nun, um herauszukommen, Gas gibt, dadurch aber nur um so tiefer im Schlamm versinkt – indessen, was kann er anderes tun als Gas geben? Das Auto kommt nicht aus dem Schlamm, weil es da ein Tabu gibt, und dieses Tabu heißt »Gleichgewicht«. Dieses Gleichgewicht ist der Motor des Wettrüstens. Der Witz ist ja der, daß ein Gleichgewicht nie besteht – genauer: im Zeichen des »Feinddenkens« wird nie ein Zustand erreicht sein, den *beide* Seiten als Gleichgewicht *anerkennen*. Wäre es richtig, was Alford (S. 42) behauptet, daß nämlich derzeit »auf allen Ebenen – von der konventionellen bis zur strategisch-nuklearen – ein zentrales Gleichgewicht zwischen Ost und West« bestehe und daß dies beiderseitig akzeptiert werde, dann bestünde doch überhaupt kein Grund zum Weiterrüsten – es sei denn, man strebt gar kein Gleichgewicht an. So wird denn auch gesagt, das Wort vom »Gleichgewicht« sei nur eine »Tarnvokabel« (Jens, S. 11). Ich will so weit nicht gehen. Für meine Argumentation reicht die Tatsache aus, daß ein Gleichgewicht der Rüstung nie von *beiden* Seiten *als erreicht erklärt* wird; behauptet dies die eine Seite, sieht darin die andere Seite den Beweis dafür, daß jene im Vorteil ist. Die Russen sagen ja auch, daß bei der NATO ein Übergewicht bestehe (Shurkin, S. 51), während man im Westen ein Übergewicht der Sowjetunion sieht (Kraemer, S. 34; English, S. 9 ff.; Pannenberg, S. 82). Ich kann nicht beurteilen, was richtig ist. Zahlen allein beweisen ja noch nicht viel. Viel entscheidender kommt es auf die Eigenschaften der verschiedenen Waffensysteme an. Der Philosoph Wolfgang Stegmüller hat eine frappierende Überlegung angestellt (S. 2). Er geht davon aus, daß fünf Eigenschaften von Mittelstreckenraketen militärisch wesentlich sind: Reichweite, Tragfähigkeit, Schnelligkeit, Treffgenauigkeit und Eindringfähigkeit sowie relative Unempfindlichkeit gegen Vorwarnungen. In den ersten zwei Punkten sind die russischen SS 20 überlegen; sie haben die größere Reichweite und können drei Sprengköpfe tragen. In den Hinsichten drei bis fünf dagegen sind die amerikanischen Mittelstreckenraketen weit überlegen; die Pershing II ist viel schneller und treffgenauer als die SS 20, die Cruse missile ist zwar langsamer, aber auch sehr treffgenau und vor allem: sie kann die sowjetische Radarabwehr unterfliegen. Welche Seite ist nun die überlegene? Das wird sehr von den konkreten Umständen abhängen. Stegmüller macht auf die Achillesferse in der Asymmetrie der beiden Waffensysteme aufmerksam: Die Russen müssen im Fall einer Computer-Vorwarnung außerordentlich rasch reagieren, um nicht ins Hintertreffen zu geraten; das Fatale ist, daß diese Vorwarnung auf einem Computerfehler beruhen kann, so daß dann also ein Atomkrieg irrtümlicherweise ausbrechen würde (Stegmüller legt des weiteren dar, daß ein solcher versehentlich ausgebrochener Atomschlag auf Westeuropa beschränkt bliebe, da der Irrtum alsbald aufgedeckt würde und die Supermächte den Krieg daher nicht mit Interkontinentalraketen in ihre Gebiete trügen. Es ist deshalb, wie ich hinzufügen möchte, auch kaum verwunderlich, daß eine Einigung der USA und der Sowjetunion über eine Verminderung der *Interkontinental-*

raketen noch am ehesten im Bereich der Möglichkeit liegt; uns Mitteleuropäer kann das gewiß nicht beruhigen). Auf die Gefahr eines irrtümlich eröffneten Atomkrieges wird noch zurückzukommen sein.

Die Politik des »Gleichgewichts« bewegt sich auf einem »lebensgefährlich dünnen Eis« (v. Ditfurth, S. 152). Das ist die Auffassung sehr besonnen denkender Menschen. Carl Friedrich v. Weizsäcker (1982, S. 14) z. B. meint, daß »militärisches Gleichgewicht ... nach historischer Erfahrung überhaupt keine Friedensgarantie (ist). Es ist eher eine Herausforderung zum kriegerischen Kräftemessen«. Auch die Konzilsväter haben diese Auffassung geäußert: »Wie immer man auch zu dieser Methode der Abschreckung stehen mag – die Menschen sollten überzeugt sein, daß der Rüstungswettlauf, zu dem nicht wenige Nationen ihre Zuflucht nehmen, kein sicherer Weg ist, den Frieden zu sichern, und daß das daraus sich ergebende sogenannte Gleichgewicht kein sicherer und wirklicher Friede ist.« Statt »daß dieser die Ursachen des Krieges beseitigt, drohen diese dadurch sogar eher weiter zuzunehmen« (Gaudium et Spes, Nr. 81). In »Justitia et Pax« (S. 303) heißt es, daß die Kirche die »derzeitige Situation einer Pseudo-Sicherheit« aus zwei Gründen verurteilen muß: »im Namen des Friedens, den sie nicht verbürgt«, sowie »im Namen der natürlichen Sittenlehre und der Ideale des Evangeliums«.

Manche verurteilen die Gleichgewichtspolitik und den durch sie heraufbeschworenen Rüstungswettlauf auch wegen der unmoralischen Rüstungsgeschäfte. An Rüstung werde viel verdient, die Rüstung sei ein krisensicherer Markt. Andere weisen dieses Argument zurück; Barnaby (S. 59 ff.) beispielsweise behauptet, die Rüstung entwickelter Länder verlangsame das Wirtschaftswachstum sogar, außerdem gebe die Dritte Welt vergleichsweise mehr für Rüstung aus als die entwickelten Länder. Letzteres wiederum wird von Politikern der Dritten Welt mit Hinweis auf das immense Mißverhältnis zwischen Rüstungsausgaben und Entwicklungshilfe energisch bestritten (Rahman, S. 82). Mir fehlen die nötigen Kenntnisse, um in diesem Streit zu entscheiden. Aber eines ist mir gewiß: Das Wettrüsten ist ein Skandal im Hinblick auf das *Elend,* den *Hunger* und die *Armut,* unter denen ein großer Teil der Menschheit leidet. Es trifft daher am meisten die Entwicklungsländer. Man sagt, das Rüsten erfolge zur Abschreckung, und diese diene dem Leben. Die Wahrheit ist, daß wegen des Wettrüstens der reichen Länder die Mittel nicht zur Verfügung stehen, mit denen den armen Ländern geholfen werden könnte. Wegen des unverantwortlichen Rüstens müssen täglich viele, viele Menschen sterben, deren Leben hätte gerettet werden können. Nicht aus polemischen Gründen, sondern wegen des Ernstes der Situation muß ich auch an dieser Stelle unseren Politikern entgegenhalten, was die katholische Kirche zu diesen Bewandtnissen sagt. In der Pastoralkonstitution »Gaudium et Spes« erklären die Konzilsväter (Nr. 81): »Während man riesige Summen für die Herstellung immer neuer Waffen ausgibt, kann man nicht genügend Hilfsmittel bereitstellen zur Bekämpfung all des Elends in der heutigen Welt ... Darum muß noch einmal erklärt werden: Der Rüstungswettlauf ist eine der schrecklichsten Wunden der Menschheit, er schädigt unerträglich die Armen. Wenn hier nicht Hilfe geschaffen wird, ist zu befürchten, daß er eines Tages all das tödliche Unheil bringt, wozu er schon jetzt die Mittel bereitstellt.« Und noch deutlicher ist das Dokument der Päpstlichen Kommission »Justitia et Pax« (S. 302): »Der klare Widerspruch zwischen der verschwenderischen Überproduktion an Rüstungsmaterial und der Summe unbefriedigter Lebensbedürfnisse (Entwicklungsländer und die Randgruppen und Armen in der Wohlstandsgesellschaft) ist schon ein Angriff auf jene, die seine Opfer sind. Ein Angriff, der zum Verbrechen wird: selbst wenn man die Waffen nicht tatsächlich anwendet, allein schon durch ihre Kosten töten sie die Armen, denn sie verurteilen diese zum Hungertod.« Aber nicht einmal nur die Entwicklungsländer trifft es. Die angeblich reichste Nation der Welt, die USA, beherbergt in ihren Grenzen eine erschreckende Armut, die von den katholischen US-Bischöfen gerade im Hinblick auf die riesigen Rüstungsausgaben mit Recht als ein »moralischer und sozialer Skandal« bezeichnet wird. Soll niemand sagen können, er sei nicht gewarnt. Und soll niemand weiter an der Rüstungsschraube drehen und meinen, dies verstoße nicht gegen den Geist des Christentums.

Ich weiß, daß es Leute gibt, die solche Appelle im Hinblick auf die »harte Wirklichkeit« für utopisch halten. Auch im *Strafrecht* müsse der Staat ja drohen, sagt man. Ganz entsprechend, so meint zum Beispiel Werner Becker, verhalte es sich mit der nuklearen Abschreckung. Er argumentiert (S. 88): Das Wesen der Strafe bestehe in ihrer »generalpräventiven« Androhung für den Fall der Normübertretung; die *wirkliche* Anwendung des Übels – die Verhängung einer Strafe bei Gesetzesverletzung – sei daher nicht der Zweck selber, sondern nur das Mittel, die Glaubwürdigkeit der Drohung in der Gesellschaft aufrechtzuerhalten; Analoges gelte für die nukleare Abschreckung. Das heißt also: Man will eigentlich nur drohen; daß man dann auch wirklich straft bzw. einen Atomkrieg führt, geschieht nur, weil einem sonst die Drohung nicht geglaubt wird. Dazu muß ich sagen – und hier bin ich nun wirklich Fachmann –, daß diese Theorie der Generalprävention, die zu Beginn des 19. Jahrhunderts von Paul JohannAnselm v. Feuerbach entwickelt worden ist, längst als widerlegt gilt, und kein Kriminalist unserer Zeit vertritt sie mehr (H. L. A. Hart, auf den Becker sich beruft, ist kein Strafrechtsgelehrter). Der, dem das nichts sagt, mag aber vielleicht Herbert Jäger folgen (S. 6 f.): »Ein schroffer Unterschied zwischen kriminalpolitischer und militärpolitischer Abschreckungstheorie ist allerdings erkennbar: das kriminalpolitische Konzept der Generalprävention kann sich sein millionenfaches Scheitern leisten, ohne daß seine zumindest begrenzte Richtigkeit und Effektivität deshalb in Frage gestellt werden müßte. Das nukleare Abschreckungskonzept dagegen steht und fällt mit seiner Perfektion: Wenn es nicht stimmt, was Abschreckungstheoretiker sagen, oder nur die Möglichkeit von Fehlleistungen und partiellem Versagen offenbleibt, dann kalkuliert ein solches Denken das, was es zu verhindern vorgibt, als Folgen mit ein. Die Erkenntnisse der Kriminalpolitik auf ihrem Wirkungsfeld geben wenig Anlaß, ein Konzept, das Massenvernichtungsmittel als sicherheitsfördernde Instrumente der Abschreckung einplant, von seinen eigenen Prämissen her theoretisch überzeugend zu finden.«

Der Unterschied springt ja doch auch in die Augen: Die Strafe darf man anwenden, man muß sie sogar anwenden; die

Atomwaffen dagegen darf man nicht zum Einsatz bringen. Es ist ernsthaft zu fragen, sagt Brockmann (S. 354), »ob die Fähigkeit zum nuklearen Vernichtungsschlag überhaupt ein strategisches Mittel zur Verteidigung sein kann, da die Fähigkeit nie erprobt werden darf«. Daher hat Becker in einem Punkt recht: Wenn man sagt, daß man die Kernwaffen niemals zum Einsatz bringen wird, glaubt der Gegner natürlich auch nicht an den Ernst der Abschreckung. Eine Drohung setzt begriffsnotwendig voraus, daß sie ernst gemeint ist oder daß der Bedrohte wenigstens Anlaß hat, von ihrer Ernsthaftigkeit überzeugt zu sein. Mit Kernwaffen nur zu drohen, sie aber nicht einsetzen zu wollen, das gibt keinen Sinn. »Wer unter keinen Umständen die Bombe anwenden will, brauchte sie auch nicht herzustellen. Er hätte sich dem, der sie anzuwenden bereit ist, schon unterworfen« (Jaspers 1983, S. 223). »Auch die Ausbildung im Umgang mit solchen Waffen würde jeden Sinn verlieren, wenn ihr Einsatz unter keinen Umständen auch nur in Betracht gezogen werden könnte« (Pannenberg, S. 86). Was folgt daraus? Muß man, etwa mit Becker, folgern: Wir wollen nur die Abschreckung, denn es ist gleichsam das Wesen der Kernwaffen, daß man damit einen potentiellen Aggressor abschrecken kann; glaubhaft ist die Abschreckung aber nur, wenn wir zum Einsatz dieser Waffen bereit sind, und daher müssen wir sie im Falle eines Falles auch tatsächlich einsetzen, obwohl das nicht in unserer Absicht liegt. Es gibt nicht wenige, die diese Konsequenz ausdrücklich ziehen: Wenn wir drohen müssen, müssen wir gegebenenfalls auch zuschlagen (z. B. Gessert, S. 135 f.; Gundlach, S. 128 ff.; Hirschmann, S. 287 ff.; Norman, S. 149). Also kurz: Weil die Abschreckung mit Atomwaffen erlaubt ist, muß auch ihr Einsatz erlaubt sein.

Man muß aber genau umgekehrt argumentieren: Weil der Einsatz der Kernwaffen nicht erlaubt ist, ist auch die Drohung damit nicht erlaubt. So sagen es auch die österreichischen Bischöfe: »Massenvernichtungsmittel werden verurteilt. Nicht nur ihre Anwendung wird abgelehnt, sondern auch ihr Einsatz zu politischen Drohungen« (Hirtenworte, S. 113). Denselben Gedanken hat der gegenwärtige deutsche Bundespräsident Richard v. Weizsäcker so artikuliert: »Die gegenseitige Abschreckung sichert den Frieden, indem sie die Vernichtung dessen anzudrohen vermag, was sie schützen will, nämlich das Leben überhaupt. Wirksam also ist die Abschreckung nur, wenn sie fähig ist, diese Drohung wahrzumachen. Aber ausführen kann sie die Drohung nur um den Preis der Selbstvernichtung. Innerlich verarbeitet haben die meisten Menschen dieses paradoxe Denksystem nie« (nach Wilkens, S. 66). In der Tat, es gibt nur diese Konsequenz: *Da der Einsatz atomarer Waffen unzulässig ist, ist es auch die Drohung damit.* Und man muß deshalb so argumentieren, weil die Drohung mit innerer Logik fast unvermeidlich zur Anwendung des Übels führt. Das lehrt die Erfahrung. Immer hat die Hochrüstung zur Explosion geführt. Der altrömische Grundsatz: »Si vis pacem, para bellum – Willst du den Frieden, so rüste zum Krieg« ist falsch, »es gibt keinen verhängnisvolleren Irrtum« (Radbruch 1929, S. 193). Dieses Prinzip hat zu oft versagt, als daß es noch mit dem Anspruch auf Glaubwürdigkeit propagiert werden könnte. Die katholischen US-Bischöfe erklären (Hirtenworte, S. 213): Wenn man die römische Regel »in moderne Begriffe übersetzt, hat diese ›Philosophie‹ den Namen ›Abschreckung‹ angenommen und verbirgt sich hinter der Suche nach einem ›Gleichgewicht der Kräfte‹, das manchmal nicht ohne Grund als ›Gleichgewicht des Schrekkens‹ bezeichnet wurde«. Man könnte noch viele Zeugen für den nämlichen Gedanken anführen. Nur noch v. Krockow (1970, S. 34): Mit dem Spruch, daß, wer den Frieden wolle, sich zum Krieg rüsten müsse, »wird, um es ganz radikal zu formulieren . . . , ein Friedensbild entworfen, das eigentlich nur verhüllter Krieg, ein dauernder Unterwerfungskrieg der Herrschenden gegen die Beherrschten ist, schäbig genug verhüllt durch die Idole ›Ruhe und Ordnung‹, wobei die Gewaltanwendung jeweils nur bei denen verketzert wird, die die Macht *nicht* haben, um sie ungestört den Gewalthabern und Ausbeutern zuschieben zu können«.

Es ist eine gefährliche Fiktion zu glauben, man könne zwischen der beabsichtigten Drohung und der nichtbeabsichtigten Anwendung des Übels einen Unterschied machen. Und man sollte nicht meinen, auf diese Weise die Verantwortlichkeit abschieben zu können. Wer droht, ist auch für den Einsatz der angedrohten Schläge verantwortlich. »Die Politik«, sagt Radbruch (1973, S. 303), »verhält sich zum Krieg wie die Bedrohung mit der Gewalt zur Gewalt selber und muß auch gegen den Willen derer, die ihre Träger sind, mit derselben Notwendigkeit schließlich zum Kriege führen, welche auch sonst die unwirksam bleibende Drohung zur Gewalt werden läßt. Man kann nicht fortwährend *an* das Schwert schlagen, ohne im gegebenen Fall gezwungen zu sein, auch *mit* dem Schwerte zu schlagen.«

Wen alle diese Gründe nicht beeindrucken, der sollte doch wenigstens dies bedenken: Die Gefahr, daß ein Atomkrieg *zufällig,* nämlich aufgrund eines *Irrtums* ausbricht, ist sehr groß. Ich habe oben schon auf die Argumentation von Stegmüller aufmerksam gemacht, daß nämlich wegen der Eigenschaften der amerikanischen Mittelstreckenwaffen die Sowjets nur wenige Minuten Zeit haben, um auf einen Alarm in ihrem Computersystem zu reagieren. Eine irrtümliche Auslösung eines Atomkriegs ist daher allemal möglich. Wer darauf vertraut, daß die Computer schon immer richtig funktionieren würden, lasse sich durch die lange Liste amerikanischer Atomwaffenunfälle eines Besseren belehren (Mechtersheimer/Barth, S. 179 ff.). Von den Sowjets erfährt man dergleichen nicht so genau. Man mag sich aber an den Abschuß einer koreanischen Verkehrsmaschine erinnern, der sehr wahrscheinlich auf einen Fehler im sowjetischen Abwehrsystem zurückzuführen war. Dasselbe dürfte für den Abschuß deutscher Südpolforscher über West-Afrika anzunehmen sein. Daß sich über Jahrzehnte oder gar Jahrhunderte hinweg niemals ein verhängnisvoller Fehler bei den Abwehrsystemen ereignen würde, ist angesichts der Tatsache, daß schlechterdings nichts von Menschenhand Gemachte perfekt und unfallsicher ist, die unwahrscheinlichste aller Annahmen.

Erst recht ist *menschliches Versagen* möglich. Auch bei denen, die aufgrund der Computerangaben zu reagieren und zu entscheiden haben, sind immer Fehler möglich. Bei Bertrand Russell las ich: »Was die nukleare Konfrontation angeht, kann man unter Umständen annehmen, daß zwei Seiltänzer zehn Minuten balancieren können, ohne abzustürzen. Aber nicht zweihundert Jahre.« Ein Atomkrieg wird mit großer Wahrscheinlichkeit ohne Vorwarnung, ohne Kriegserklärung beginnen, es wird also nur extrem kurze Vorwarnzeiten geben, und daher sind die Atommächte zu schnellster Abwehr genötigt, sobald auf dem Radarschirm das kleinste Anzeichen sichtbar wird, das auf einen Angriff des mutmaßlichen Gegners hindeutet. Die Entscheidung muß »wahrscheinlich plötzlich« getroffen werden, und »zu spät ist es dann für andere Möglichkeiten« (Jaspers, 1983, S. 227). Ein »nukleares Sarajewo« (Samjatin, S. 27) ist durchaus kein Hirngespinst. Für ein Hirngespinst mag man einstweilen noch die Vorstellung eines »War-game« halten: daß ein Wahnsinniger einen Atomkrieg dadurch auslöst, daß er das betreffende Computersystem »knackt«. Immerhin ist das Eindringen in ein fremdes Computersystem schon heute für einen Fachmann eine Kleinigkeit. Und noch etwas: Wer verbürgt denn, daß sich nicht eines Tages Terroristengruppen, die heute schon schwerbewaffnet agieren, gewaltsam auch den Zugang zu Kernwaffen verschaffen? Wer wirklich nachdenkt, kann dem Schluß nicht ausweichen, daß schon das bloße Vorhandensein von Kernwaffen eine so schreckliche Gefahr bedeutet, daß ihre gänzliche Abschaffung im vitalen Interesse aller Menschen liegen muß.

Das vorige Kapitel endete mit der Feststellung, daß der *Einsatz* von Kernwaffen unzulässig ist. Dieses Kapitel schließt mit der Konklusion, daß auch die *Abschreckung* durch Drohung mit einem Kernwaffeneinsatz unzulässig ist. Heißt das nun, daß auch die gegenwärtige *Stationierung* von Kernwaffen unrechtmäßig ist?

V. Abrüstungsschritte

Wenn ich Moralist wäre und mich nur von einer Gesinnungs-
ethik leiten ließe, müßte ich aus meinen vorangegangenen
Gedanken die Folgerung ziehen, daß alle Atomwaffen sofort
abzubauen und zu vernichten sind, also die Null-Lösung mit
sofortiger Wirkung. Wenn man dagegen aus rationalen und
realistischen Gründen eine Verantwortungsethik vertritt, läßt
sich nicht so argumentieren (natürlich kann man keine *reine*
Verantwortungsethik vertreten, aber daß, wie Alt behauptet
[1985, S. 37], die Unterscheidung zwischen Gesinnungs- und
Verantwortungsethik in der Botschaft Jesu überhaupt keinen
Platz habe, ist gewiß nicht richtig).

Eine einseitige Abrüstung wird, besonders von Anhängern
der Friedensbewegung, immer wieder gefordert (z. B. Hunthausen, S. 47 ff.; auch wohl Garbe, S. 26; G. Schmid,
S. 106 ff.). Ich kann mich solchen Vorschlägen nicht anschlie-
ßen. Sie wären nur dann vertretbar, wenn die einseitige Abrüstung keine Gefahr für den Westen bedeutete. Das aber kann
man, wenn man verantwortungsbewußt denkt, sicher nicht annehmen. Freilich, die Supermächte respektieren, wie oben dargelegt, jeweils den Einflußbereich der anderen Macht. Doch
ob die Sowjetunion das auch bei völliger atomarer Abrüstung
des Westens tun würde, ist sehr zweifelhaft. Aber auch wenn
man das unterstellen wollte und daher für die Bundesrepublik
Deutschland keine akute Gefahr sähe, wäre doch zu bedenken,
daß wir nicht nur für uns verantwortlich sind. Im ersten Kapitel
habe ich geschildert, was viele Leute in Polen über ihre Situation denken. Sie haben Angst, daß der Westen erpreßbar werden könnte und sie dann ihre relative Freiheit einbüßten. Das
kann uns nicht gleichgültig sein.

Aber wenn, wie ich zu beweisen versucht habe, nicht nur der Einsatz von Kernwaffen unrechtmäßig ist, sondern auch die Drohung damit, muß man dann nicht zwingend fordern, daß der Unrechtszustand der Aufstellung nuklearer Waffen so schnell wie möglich beseitigt wird? Gewiß, so schnell wie möglich. Möglich ist aber *nicht* die *sofortige völlige* Beseitigung.

Man muß unterscheiden: 1. Die Herstellung, die Aufstellung (zwecks Abschreckung) und der Einsatz von Atomwaffen; sie sind unsittlich und rechtswidrig. 2. Die Vermehrung von Atomwaffen; sie ist, wie aus Ziffer 1 folgt, ebenfalls nicht zulässig. 3. Die Beseitigung der vorhandenen Atomwaffen. 4. Die Kontrolle der Abrüstung. 5. Die Sicherstellung, daß nach dem Abbau der Atomwaffen nicht wieder neu gerüstet wird.

Zu Punkt drei ist folgendes zu sagen. Die Meinung, ein bestehendes Unrecht müsse stets sofort und vollständig beseitigt werden, ist nicht richtig. Schon Thomas von Aquin hat gelehrt, daß die Hinnahme eines Unrechtszustandes geboten ist, wenn dessen Beseitigung noch größeres Unheil nach sich zöge. Also auch hier muß der Grundsatz der Verhältnismäßigkeit beachtet werden. Für jeden Juristen und Ethiker versteht sich das von selbst.

Man würde das Gesagte indessen gröblich mißverstehen, wollte man daraus die Berechtigung herleiten, die gegenwärtige Atomwaffenpolitik beliebig fortzusetzen. Es ist auch nicht so, wie manche sagen, daß es noch eine »Frist« gebe, bis zu der der gegenwärtige Zustand als rechtmäßig hingenommen werden könnte. *Der gegenwärtige Zustand ist rechtswidrig,* woran auch der Umstand nichts ändert, daß das Bundesverfassungsgericht den NATO-Doppelbeschluß nicht für verfassungswidrig erklärt hat; die Gründe dafür waren andere (zudem ist das Urteil lebhaft umstritten; man beachte nur das abweichende Votum des Verfassungsrichters Mahrenholz). Und daher muß *sofort* damit begonnen werden, diesen Zustand zu beseitigen. Das kann, wie von vielen Seiten betont wird, nur schrittweise geschehen – aber es *muß* auch geschehen, und zwar heute. Allerdings nicht mit Gewalt! (Dazu Kapitel VII.)

Auch ich bin der Meinung, daß die Abrüstung »allgemein und unteilbar« sein muß (Wischnewski, S. 17; Hamm-Brücher, S. 8). Der Westen kann *nicht einseitig* in der Weise abrüsten, daß

er das ohne Rücksicht auf entsprechende Schritte der Sowjetunion tut. Dazu braucht nichts weiter gesagt zu werden, denn
das Prinzip der schrittweisen Abrüstung ist heute weitgehend
anerkannt – sieht man von denen ab, die überhaupt gegen eine
Abrüstung des Westens sind, wie z. B. Novak, der den US-Bischöfen wegen ihrer Abrüstungsvorschläge »ein ernstes religiö-
ses wie politisches Versagen« vorwirft (S. 105 ff., 112). Das Problem ist »nur«, wie diese Abrüstungsschritte aussehen sollen.
Vor allem fragt sich, wer mit der Abrüstung anfängt. Denn wenn
auch die Abrüstung nicht einseitig erfolgen darf, *anfangen* muß
einer damit.

»Einer muß anfangen aufzuhören: wenn nicht der Osten,
dann der Westen; wenn nicht der Westen, dann der Osten. Daß
einer anfängt aufzuhören, das ist die ›letzte Intelligenzprüfung
der Menschheit‹ (Hans Haber). Wenn wir diese Prüfung nicht
bestehen, dann gibt es keine weiteren Prüfungen mehr« (Alt
1983, S. 66). Das Absurde an unserer Situation ist doch, daß
jeder an seiner Kriegsmaschinerie festhält, weil der andere es
auch tut. Statt daß einer einmal gegensteuert und mit der Abrüstung beginnt. Warum aber soll gerade der Westen mit der »Vorleistung« beginnen? Weil er, nach seinem eigenen Selbstver-
ständnis, dem Christentum, vor allem der christlichen Moral,
stärker verpflichtet ist als der Osten. Dabei sollte man sich überhaupt einmal frei machen von dem Wort »Vorleistung«. Ich zi-
tiere Karl Rahner (S. 292): »Wir sind darum ... für eine Abrüstung der Atomwaffen auch in Form einer Vorleistung. Dabei
halten wir das Wort ›Vorleistung‹ eigentlich für eine Diskrimi-
nierung dessen, wozu sich der Christ bei Verzicht auf Atomrüstung eigentlich entscheidet. Denn dieses Wort insinuiert, es
handle sich dabei um ein pfiffiges Kalkül und um einen Trick, der
gar nicht ganz ernst zu nehmen ist, weil er ja mit der ›Nachleistung‹ auf der anderen Seite rechne und entschlossen sei, möglichst schnell wieder aufzurüsten, wenn die andere Seite nicht
oder jedenfalls nicht rasch genug nachzieht.« Das ist gewiß richtig, man muß den ersten Schritt tun ohne Rücksicht darauf, ob
der andere zu folgen bereit ist. Doch man wird die nächsten
Schritte nicht unabhängig davon tun können, wie sich die andere
Seite verhält.

Der erste Schritt muß sein, *daß mit dem Aufrüsten aufgehört wird,* unbedingt, ohne Wenn und Aber. Wenn man sowieso schon in der Lage ist, die Menschheit mehrfach zu vernichten, dann kann der Verzicht auf weitere Kernwaffen nicht so schwerwiegend sein, daß man dadurch in eine unverantwortliche Lage der Unterlegenheit und Erpreßbarkeit geriete. Rüstet man weiter, setzt man sich dem Verdacht aus, daß man in Wahrheit eine Überlegenheit anstrebt.

Gesetzt, die andere Seite hört nun auch mit der nuklearen Aufrüstung auf, welche Schritte sollen folgen? Diese Frage wird man ohne militärisches Fachwissen nicht klar beantworten können. Was ich im folgenden dazu vortrage, sind Gedanken, die ich mir beim Studium des Schrifttums und auch im Verlaufe von Diskussionen gemacht habe. Sie haben aleatorischen Charakter, sie sind aber, wie ich hoffe, nicht ganz wertlos.

Um eines vorweg zu sagen: Einen Austritt der Bundesrepublik Deutschland aus der NATO halte ich nicht nur für nicht realistisch, sondern gar nicht für wünschenswert, zumindest würde er an der bestehenden Lage nicht viel ändern. So souverän ist die Bundesrepublik nicht (und noch viel weniger die DDR), als daß sie einen ganz selbständigen Weg gehen könnte. Der wachsende Neutralismus (Haseler, S. 17) entbehrt daher unter den bestehenden Verhältnissen jeglicher Grundlage.

Die österreichischen Bischöfe haben einen Dreistufenplan für die Abrüstung unterbreitet, der mir diskussionswürdig erscheint (Hirtenworte, S. 114ff.). An erster Stelle wird die Forderung nach dem *Verzicht auf Mittelstreckenraketen* genannt, und die Bischöfe versehen diese Forderung »mit einem besonderen Akzent«. (Auch Carl Friedrich v. Weizsäcker [1982, S. 15ff.] stellt diese Forderung, und daß auch die Sowjets bei den atomaren Mittelstreckenwaffen, den »Grauzonenwaffen«, den Angelpunkt sehen, wird z. B. von Shurkin [S. 54] hervorgehoben; George Kennan, kein unbedeutender Mann in den USA, schlug 1981 einen fünfzigprozentigen Abbau der Nukleararsenale vor [Stern, S. 113].) Der Verzicht auf Mittelstreckenraketen wird von den österreichischen Bischöfen aus drei Gründen für nötig und möglich erachtet: Sie dienen, anders als die Interkontinentalraketen, nicht der sogenannten globalstrategischen Abschreckung, d. h. der Kriegsverhinderung im Sinne des »strategischen Atompatts« zwischen den Supermächten; sie sind auch nicht notwendig, um eine tatsächliche oder vermeintliche »konventionelle« Unterlegenheit auszugleichen (wie die im engeren Sinne »taktischen« Nuklearwaffen, Gefechtsfeldwaffen usw.); und drittens liegt es besonders nahe, sie als »Erpressungsmittel« einzuschätzen, das heißt: für sie gilt nicht die konziliare und päpstliche Aussage, daß für eine Übergangszeit echte »Abschreckungssysteme« noch hingenommen werden können, wenn gleichzeitig mit allen Mitteln versucht wird, den Abschreckungsmechanismus durch andere Vorkehrungen zur Friedenssicherung zu ersetzen. – An zweiter Stelle fordern die Bischöfe den *»konventionellen« Rüstungsabbau,* und dies vor allem mit der Begründung, daß ein Durchbruch bei den Verhandlungen über eine ausgewogene »konventionelle« Rüstungsverminderung auch eine Schlüsselfunktion für die Verminderung der Atomgefahr haben würde; die Herstellung eines konventionellen Gleichgewichts könnte die Chance für die Ausweitung atomwaffenfreier Zonen (und von Zonen, die einer Nichteinsatzgarantie in bezug auf Atomwaffen unterliegen) verbessern. – An dritter Stelle schließlich werden – nach den »Grauzonenwaffen« und den »taktischen Nuklearwaffen« – die *übrigen Vernichtungsmittel* genannt; diese Waffen stehen bei der schrittweisen Abrüstung an letzter Stelle, weil – nach kirchlicher Lehraussage – die globalstrategische Abschreckung vorübergehend noch toleriert werden muß, sofern sie dazu dient, die potentiellen Gegner vom Entschluß zum Krieg abzubringen, und sofern gleichzeitig Mittel und Wege gesucht werden, andere Friedenssicherungsmechanismen zu etablieren.

Es spricht vieles dafür, mit dem Abbau der *Mittelstreckenraketen* in *Mitteleuropa* zu beginnen. Mitteleuropa, zumal Deutschland *(beide* deutschen Staaten), ist ein besonderer Krisenherd, und es ist anzunehmen, daß das dichtbesiedelte Mitteleuropa das erste Opfer eines Atomkriegs würde. Es könnte daher sicher sehr zur Entspannung beitragen, wenn man in Mitteleuropa – von Skandinavien bis zum Mittelmeer – eine *atomwaffenfreie Zone* schaffen würde. Das müßte auch dann noch als ein Fortschritt erachtet werden, wenn die Supermächte nach Einrichtung einer solchen atomwaffenfreien Zone in Mitteleuropa dazu übergingen, Mittelstreckenraketen in zunehmendem Maße auf U-Booten zu stationieren. Wir Deutschen – diesseits und jenseits der Elbe – haben einen ganz besonderen Grund, mit allen Kräften dahin zu wirken, daß von deutschem Boden keine Kriegshandlungen mehr ausgehen, vor allem kein Atomwaffeneinsatz, denn durch uns ist zu viel Unglück über die Welt gekommen, als daß wir noch einmal eine Schlüsselrolle in einem Krieg spielen dürften. Wenn wir einen solchen Standpunkt mit Festigkeit vertreten, wird das zwar nicht überall Freude auslösen – die Wehrkraft der beiden deutschen Staaten ist ja nicht zu unterschätzen –, aber wir werden in der Welt nicht auf Unverständnis, schließlich wohl sogar auf Sympathie stoßen. Ich bedaure darum lebhaft, daß, soweit ich ersehen kann, weder die Deutsche Bischofskonferenz noch die Evangelische Kirche Deutschlands noch das Zentralkomitee der Deutschen Katholiken sich dazu verstehen konnten, auf eine solche Waffenverdünnung in Deutschland hinzuwirken. In dem Hirtenwort der deutschen Bischöfe: »Gerechtigkeit schafft Frieden« von 1983 ist der NATO-Doppelbeschluß mit keinem Wort erwähnt. Ist es wirklich nötig, so sehr im Fahrwasser der Regierungen (der sozial-liberalen wie der christlich-liberalen) zu schwimmen? Wie wäre es, wenn man sich von dem Mut und der Konsequenz eines Johannes XXIII. anstecken ließe? Der Wiener Kardinal Franz König hat in einem sehr beherzten Wort anläßlich der Sondersynode zum 20jährigen Konzilsjubiläum (November 1985) wieder an den großen Friedenspapst und an »Gaudium et Spes« erinnert. Doch wie diese Synode zeigte, ist kaum mehr etwas vom Geist des II. Vatikanums lebendig, und in der Friedensfrage sprechen die meisten Kirchenmänner wieder eine so verklausulierte Sprache, daß es den Mächtigen in der Welt ein leichtes ist, den ihnen genehmen Ton herauszuhören.

Das beste wäre sicher die Null-Lösung, und sie wird ja auch von fast allen als das eigentliche Ziel bezeichnet. Doch so recht glaubt niemand daran. Indessen, selbst wenn die Chancen für eine Null-Lösung fast gleich Null sein sollten, müßte man sie doch als das anzustrebende Ziel im Auge behalten.

Was man bis zu einer Annäherung an dieses einstweilen noch in weiter Ferne liegende Ziel auf jeden Fall anstreben sollte, ist das *Einfrieren aller Atomwaffen auf dem jetzigen quantitativen und qualitativen Stand,* also das, was die amerikanische »Freeze-Bewegung« fordert (Kraemer, S. 38 ff.). Wie Begemann (S. 90) ausführt, ist dieses Ziel aus pragmatisch-politischer Sicht deshalb wichtig, weil eine Chance für seine Realisierung besteht. Gewiß ist auch das nicht ohne Risiko. So macht zum Beispiel Pannenberg geltend, der Freeze-Vorschlag ginge nicht in angemessener Weise auf die Schwierigkeit ein, daß ein Einfrieren des Rüstungsstandes auf der Basis eines Machtungleichgewichts dazu führen müsse, ein solches Ungleichgewicht zu legitimieren und auch zu zementieren. Nun steht und fällt diese Argumentation natürlich mit der Annahme, es bestünde ein Machtungleichgewicht zuungunsten des Westens. Ob diese Annahme zutrifft, weiß ich nicht. Doch auch wenn sie zutrifft, muß man nach meinem Dafürhalten den »nuclear freeze« herbeiführen. Wenn man nur eine solche Lösung akzeptieren will, die keinerlei Risiko birgt, kann man überhaupt nichts tun. Ich kann auch nicht finden, daß es bei dem derzeit auf beiden Seiten vorhandenen ungeheuren Potential an Kernwaffen eine allzu große Rolle spielen könnte, auf welchem Stand die Einfrierung erfolgt. Ich möchte noch einmal daran erinnern, daß die Zahl der jeweiligen Waffen nur sehr wenig über die tatsächliche Stärke besagt; es kommt wesentlich auf die Eigenschaften der Waffen an, und was dies betrifft, bestehen auf beiden Seiten teils Vorteile, teils Nachteile. Endlich ist zu bedenken, daß mit dem Einfrieren der Atomwaffen nur ein zeitlicher Spielraum gewonnen wäre, der für weitere Abrüstungsverhandlungen genutzt werden müßte. Einfrieren allein ist als Ziel sicher zu wenig. Es muß darum gehen, Schritt für Schritt die Möglichkeit, daß Kernwaffen zum Einsatz kommen, immer weiter einzuengen.

Dieser Standpunkt wird auch in dem Dokument der Päpstlichen Kommission »Justitia et Pax« von 1977 eingenommen. Es heißt da (S. 303): »Es wäre nicht genug, das derzeitige Rüstungsniveau und die bestehenden Streitkräfte beizubehalten. Man muß außerdem mit einer stufenweisen Abrüstung beginnen, die in allen Etappen überwacht wird, damit die Sicherheit garantiert wird ... Warum Abbau der Waffenvorräte? Dieser Abbau ist der Anfang einer Umkehrung des Rüstungswettlaufs: Er ist zugleich Zeichen und Werkzeug einer Verminderung der Furcht und einer Rückkehr zum Vertrauen. Er macht die Gewaltlosigkeit internationaler Beziehungen glaubwürdiger, sichert eine bessere Beachtung der internationalen Rechtsordnung und gestattet es, den Frieden zwischen den Nationen und innerhalb jeder einzelnen Nation auf der Grundlage der Gerechtigkeit aufzubauen. Er ermöglicht, Sicherheit zu geringeren Kosten zu garantieren und die eingesparten Summen für friedliche Zwecke zu verwenden.«

Man muß auch daran erinnern, daß die Atommächte durch den Atomwaffensperrvertrag von 1970 rechtlich zur atomaren Abrüstung verpflichtet sind. Bisher haben sie diese Verpflichtung freilich ignoriert und – aus durchsichtigen Gründen – nur die andere Vertragspflicht ernst genommen, für die Nichtverbreitung von Atomwaffen in Ländern, die sie noch nicht haben, zu sorgen.

Ein Problem ist auch das *Verhältnis von nuklearen und konventionellen Waffen*. Dieses Problem stellt sich, solange nuklear noch nicht vollständig abgerüstet ist – und bis dieses Ziel erreicht ist, wird es auch bei allerseits bestem Willen noch eine gute Weile dauern. Man muß sich also realistischerweise auch mit diesem Problem befassen. Natürlich sollte man, wie das die österreichischen Bischöfe fordern, ein konventionelles Gleichgewicht auf möglichst niedrigem Niveau herstellen. Aber welches Niveau ist möglich? Meine Kenntnisse reichen nicht aus, um diese Frage zu beantworten. Eines muß man aber auf jeden Fall beachten: Durch die Abrüstung auf konventioneller Ebene darf die Nuklearschwelle nicht gesenkt werden. So lehnen denn auch die katholischen US-Bischöfe »Vorschläge ab, die eine Senkung der atomaren Schwelle zur Folge haben und den Unterschied zwischen Atomwaffen und konventionellen Waffen verwischen« (Hirtenworte, S. 221 f.). Hat die »Nachrüstung« etwas damit zu tun, daß der Westen nach allem, was man weiß, dem Osten *konventionell* unterlegen ist? Ich kann das nur als Frage formulieren.

Man darf sich keinen Illusionen hingeben. Selbst wenn einmal die Null-Lösung erreicht sein sollte, sind wir der Atomgefahr nicht entronnen. Wie die »Physiker« bei Friedrich Dürrenmatt müssen wir erkennen, daß wir unsere Unschuld nicht mehr zurückgewinnen können. Das Rezept für die Herstellung von Kernwaffen wird nicht mehr verlorengehen. Darum muß man auch nach völliger atomarer Abrüstung mit einem jederzeit möglichen Rückfall rechnen. Wer verbürgt, daß in einem langdauernden konventionellen Krieg nicht doch wieder Atomwaffen hergestellt werden? So hat Schell gewiß recht, wenn er sagt, daß eine mehr oder minder bedeutsame Fristverlängerung alles ist, was wir erreichen können. Doch er fügt auch hinzu, daß tatsächlich diese Fristverlängerung die Stabilität unserer Situation grundlegend verbessern würde (1984, S. 197).

Warum eigentlich hat man soviel Angst, wenigstens einmal den ersten Schritt zur Abrüstung zu wagen? Warum glaubt man nicht an die Kraft des guten Beispiels? Weil man fürchtet, daß der point of no return schon erreicht ist? Weil man also im Grunde gar nicht mehr von der Möglichkeit einer Umkehr in Richtung auf mehr Sicherheit durch weniger Waffen überzeugt ist? Weil man den Krieg für unvermeidlich hält?

VI. Ursachen des Kriegs

Ist der Krieg unvermeidlich? Läßt man die Geschichte Revue passieren, so scheint es, daß man die Frage bejahen muß. Dennoch hält der Historiker Arnold Toynbee den Krieg nicht für unausweichliches Menschenschicksal. Zwar ist es leider wahr, so schreibt er (S. 244 f.), daß in den letzten fünftausend Jahren der Krieg eine Hauptbeschäftigung der Menschen war und daß für Kriege der bei weitem größte Teil unserer Überschußproduktion ausgegeben wurde, das heißt der größte Teil dessen, was wir über das Existenzminimum hinaus, also um uns am Leben zu erhalten und den Fortbestand unserer Spezies zu sichern, erarbeitet haben. »Aber«, so lautet das Hauptargument Toynbees, »der Krieg ist ohne Überschußproduktion unmöglich, denn er erfordert den unwirtschaftlichen Gebrauch von Arbeitszeit, Nahrungsmitteln und Material und eine Industrie, die aus diesem Material Waffen und anderes Kriegsgerät macht. Soviel wir wissen, hat keine menschliche Gemeinschaft diesen für die Kriegsführung benötigten Überschuß besessen, bevor die unteren Stromgebiete des Tigris-Euphrat und des Nils trockengelegt und künstlich bewässert wurden, und das kann nicht lange vor 3000 v. Chr. gewesen sein. Die frühesten erhaltenen Darstellungen von Kriegshandlungen in der sumerischen und der ägyptischen bildenden Kunst und die frühesten geschriebenen Berichte darüber sind ungefähr aus der gleichen Zeit. Ich schließe daraus, daß der Krieg nicht älter ist als die Zivilisation und daß er, da die beiden gleichen Alters sind, eine der angeborenen Krankheiten der Zivilisation ist.«

Das ist nicht gerade ein Trost. Die Menschheit wird eine fünftausendjährige Gewohnheit nicht so rasch ablegen können, zumal eine Rückkehr zu einem vorzivilisatorischen Zustand ausgeschlossen ist. Immerhin ist die Erkenntnis, daß der Krieg nicht notwendig zum Menschen gehört, strategisch nicht unwichtig. Wenn wir nach Möglichkeiten suchen, der Geißel des Kriegs wirksam zu begegnen, dann dürfen wir zwar gewiß nicht Optimisten aus Leichtfertigkeit sein – dazu besteht nicht der geringste Anlaß –, aber wir müssen handeln, als hätten wir die Zuversicht, die Katastrophe abwenden zu können – mit anderen Worten, wir müssen den *Optimismus als Strategie* einsetzen. Wenn man Kriege als unvermeidlich deklariert, kann man leicht zu der fatalen Folgerung gelangen: »Was nicht vermeidbar ist, muß sein; was unvermeidlich als Folge von unausweichlichen Geschehnissen eintritt, kann nicht als ungerecht bezeichnet werden« (Tammelo, S. 47 f.). Zudem: Wenn man den Krieg als unentrinnbares Menschenschicksal erachtet, wird man sich fatalistisch dem doch nicht Abwendbaren ausliefern, statt im Blick auf das große Ziel wenigstens das Mögliche zu erreichen. Ich plädiere durchaus nicht für aktivistische Aufgeregtheit. Im Gegenteil, mir erscheint Gelassenheit heute außerordentlich wichtig. Ich wende mich aber gegen die Art von Fatalismus, deren hauptsächliches Merkmal die *Gleichgültigkeit* ist. Daß es Terrorismus und Krieg gibt, kommt nicht zuletzt von der Gleichgültigkeit der Millionen.

Aber natürlich müssen die Hauptursachen woanders gesucht werden. In einem Briefwechsel haben sich zwei berühmte Männer, Albert Einstein und Sigmund Freud, mit der Frage: Warum Krieg? beschäftigt (Freud, S. 272 ff.). Der Naturwissenschaftler und Pazifist Einstein wollte von dem Psychologen und Pazifisten Freud wissen, wie es möglich ist, daß eine Minderheit, nämlich die Herrschenden, »die Masse des Volkes ihren Gelüsten dienstbar machen kann, die durch einen Krieg nur zu leiden und zu verlieren hat«, anders ausgedrückt, wie es möglich ist, daß sich die Masse durch die Aktivitäten einer skrupellosen Menschengruppe »bis zur Raserei und Selbstaufopferung entflammen läßt«. Das kann, meint Einstein, nur daran liegen, daß »im Menschen ein Bedürfnis zu hassen und zu vernichten lebt« (S. 274).

Im wesentlichen stimmt Freud zu. Interessenkonflikte unter den Menschen, so sagt er, werden prinzipiell durch Anwen-

dung von Gewalt entschieden. Der Stärkere siegt. Nun aber
schließen sich die Schwachen zusammen, um dadurch Macht zu
gewinnen. Alsdann ist es nicht mehr die Gewalt eines einzelnen, die sich durchsetzt, sondern die der Gemeinschaft. Es ist
der Weg von der Gewalt zum Recht: »die Überwindung der
Gewalt durch Übertragung der Macht an eine größere Einheit,
die durch Gefühlsbindungen ihrer Mitglieder zusammengehal-
ten wird« (S. 276f.). Was Freud hier ausführt, ist freilich gar
nichts anderes, als was schon die großen Naturrechts-Philosophen der Aufklärungszeit – Grotius, Hobbes, Spinoza, Pufendorf, Thomasius ... – zu der Frage gesagt haben, wie es vom
Urzustand des Menschen zur Bildung einer rechtlich geordne-
ten Gemeinschaft der Menschen gekommen ist.

Doch warum gibt es trotz der rechtlichen Ordnung der Gemeinschaft immer noch Konflikte, die gewaltsam ausgetragen
werden, sowohl innerhalb der Gemeinschaft als auch zwischen
den Gemeinschaften? Freud meint, es liege daran, »daß die
Gemeinschaft von Anfang an ungleich mächtige Elemente um-
faßt, Männer und Frauen, Eltern und Kinder, und bald infolge
von Krieg und Unterwerfung Siegreiche und Besiegte, die sich
in Herren und Sklaven umsetzen. Das Recht der Gemeinschaft
wird dann zum Ausdruck der ungleichen Machtverhältnisse in
ihrer Mitte, die Gesetze werden von und für die Herrschenden
gemacht werden und den Unterworfenen wenig Rechte einräumen« (S. 277f.).

Warum nun ist es so leicht, die Menschen für den Krieg zu
begeistern? Freud geht davon aus, daß es zwei Dinge sind, die
eine Gemeinschaft zusammenhalten: der Zwang der Gewalt
und die Gefühlsbindungen (der Psychologe nennt sie Identifizierungen). Die Gefühlsbindungen verweisen in die *Trieblehre*.
Bekanntlich ist Freud vor allem durch sie berühmt geworden.
Zwei Arten von Trieben unterscheidet er: die einen, die erhalten und vereinigen wollen, *die erotischen oder sexuellen*, und
die anderen, die zerstören und töten wollen, *die aggressiven
und destruktiven*. Liebe – Haß, Gut – Böse. Beide Triebe sind
um der Selbsterhaltung des Menschen willen notwendig. Selten entstammt eine Handlung einer einzigen Triebregung
(S. 279ff.). Somit ist es auch ganz aussichtslos, die aggressiven

Neigungen des Menschen abschaffen zu wollen. Man kann nur versuchen, die menschliche Aggressionsneigung so weit abzulenken, daß sie nicht ihren Ausdruck im Krieg finden muß (S. 283).

Aber wie? Freud antwortet (S. 283): »Wenn die Bereitwilligkeit zum Krieg ein Ausfluß des Destruktionstriebs ist, so liegt es nahe, gegen sie den Gegenspieler dieses Triebs, den Eros, anzurufen. Alles, was Gefühlsbindungen unter den Menschen herstellt, muß dem Krieg entgegenwirken. Diese Bindungen können von zweierlei Art sein. Erstens Beziehungen wie zu einem Liebesobjekt, wenn auch ohne sexuelle Ziele ...: ›Liebe deinen Nächsten wie dich selbst.‹ Das ist nun leicht gefordert, aber schwer zu erfüllen. Die andere Art von Gefühlsbindung ist die durch Identifizierung. Alles, was bedeutsame Gemeinsamkeiten unter den Menschen herstellt, ruft solche Gemeingefühle, Identifizierungen, hervor. Auf ihnen ruht zum guten Teil der Aufbau der menschlichen Gesellschaft.«

Um den Krieg abzuschaffen, wäre erforderlich, die *angeborene Ungleichheit der Menschen*, daß sie in Führer und Abhängige zerfallen, zu beseitigen. Doch das ist nicht möglich. Schon das Unterfangen, die Menschen zu mehr Selbständigkeit und zum Denken zu erziehen sowie dazu, daß sie ihr Triebleben dem Diktat der Vernunft unterwerfen, ist nach Freud »höchstwahrscheinlich eine utopische Hoffnung« (S. 284). Was schließlich bleibt, ist die Besinnung darauf, daß der Krieg hoffnungsvolle Menschenleben vernichtet, daß er den Menschen entwürdigt, ihn zwingt, andere zu morden, was er eigentlich nicht will, kostbare Werte zerstört – und daß er daher, alles in allem, der Kulturentwicklung zuwiderläuft. Und folglich lautet das Fazit: »Alles, was die Kulturentwicklung fördert, arbeitet auch gegen den Krieg« (S. 284 ff.).

Das ist zweifellos ein mageres Ergebnis. Ich habe hier dennoch Freuds Auffassung von der Hauptursache des Kriegs – der Zerstörungs- und Tötungstrieb – so relativ ausführlich referiert, weil sie die Ausgangsbasis für viele neueren Untersuchungen zu diesem Sujet darstellt. Freuds Deutungsversuch imponiert durch seine Klarheit und Einfachheit, aber das ist zugleich auch seine Schwäche. Der Grundgedanke jedoch erscheint mir richtig.

Die Psychologie nach Freud hat die Trieblehre erheblich vertieft. Man hat erkannt, daß beide Triebqualitäten, libidinöse wie aggressive, der Verfeinerung fähig sind. Alexander Mitscherlich (1982, S. 33ff.) weist darauf hin, daß in der Fähigkeit zur »Sublimierung« vor allem der Gegensatz zwischen tierischem und menschlichem Triebverhalten bedeutsam wird. Während Tiere starr an Objekte gebunden sind, kann der Mensch die verschiedensten Objekte finden, die er mit aggressivem oder libidinösem Interesse besetzt halten kann. Er kann darin Befriedigung finden, solange sein Handeln ausreichend libidinös gespeist wird. Ist er jedoch in seiner Triebentwicklung sehr behindert, vor allem durch eine generelle Triebfeindlichkeit seines sozialen Umfeldes, d. h., werden seine Aggressionen gleichlaufend mit seinen sexuellen Interessen durch soziale Schranken eingeengt, dann sind es die destruktiven Tendenzen, die am unabweisbarsten werden, und damit steht der Weg zu Zerstörung, auch zur Selbstzerstörung offen. Glücklicherweise führen aggressive und destruktive Tendenzen keineswegs immer zu Zerstörung und Krieg. Herman Kahn (S. 90ff.) hat eine vierundvierzigsprossige Leiter der Steigerung aggressiver Provokationen aufgestellt. Die permanente Spannung aufgrund nicht integrierbarer Anteile aggressiven Triebgeschehens macht für provozierendes Verhalten bereit. Regierungen können das durch Provokation synchronisieren: Herausforderung und Gegenzug steigern sich und erreichen schließlich eine Erregungshöhe, von der aus eine Umkehr nicht mehr möglich ist. Bis dahin muß die Kriegspropaganda die Öffentlichkeit so beeinflußt haben, daß auch sie in affektivem Einklang und damit zum Krieg bereit ist. Mitscherlich (1982, S. 121) verweist auf das Beispiel der Situation im Sommer 1914. Als Kaiser Wilhelm II. plötzlich Furcht vor dem Kriegsausbruch bekam, mußte er sich von Moltke sagen lassen, daß eine Mobilmachung nicht etwas ist, das man beliebig aufhalten kann.

Von diesem *point of no return* an »verwandelt sich die aggressive Triebenergie in eine, die die vollkommene, tödliche Destruktion des Artgenossen zuläßt. Die Parallelität dieses unlinearen, nicht umkehrbaren Geschehens mit dem sexuellen Orgasmus ist deutlich genug. In beiden Fällen handelt es sich um triebhafte, nicht mehr willentlich bremsbare Handlungsketten, die bis zur Erschöpfung ablaufen ... Zwischenartliches und intraspezifisches, d. h. gegen die eigenen Artgenossen gerichtetes Kampfverhalten fallen jetzt plötzlich in eins. Das ist ein mit dem Tierreich nicht vergleichbares Phänomen« (Mitscherlich 1982, S. 121). Dabei ist freilich zu beachten, daß der Übergang in die »Destrudo« – die das Leben des Artgenossen vernichtende Aggression – nicht von den Individuen vollzogen wird, dazu ist nur das Kollektiv als Ganzes fähig (von dem Sonderfall der Kriminalität einmal abgesehen). Doch handelt das Kollektiv nicht aus eigenem Antrieb: Zwar führen die Völker gegeneinander Krieg, aber sie entscheiden nicht, wann das der Fall ist. Das tun die Individuen, die die Macht dazu haben, also die Regierungen. Diese freilich stehen in einem intensiven Rückkoppelungsvorgang zu der aggressiven Reaktionsbereitschaft ihrer Bevölkerung: »Nicht selten wecken und verstärken sie manipulatorisch durch Propaganda die aggressive Erregung in die orgiastischen Stufen der Erregtheit« (Mitscherlich 1982, S. 123). Man schaukelt sich aneinander hoch.

Als *unzureichende Triebsättigung* kennzeichnet Mitscherlich (1982, S. 129) die Gefahr, aus der Kriege erwachsen, und 1968, als er die zitierte Schrift verfaßte, zählte er sage und schreibe fünfzig Kriege und kriegsähnliche Zustände seit dem Ende des Zweiten Weltkriegs, die aus dem Druck kollektiver unbefriedigter Triebbedürfnisse entstanden sind. Auch wenn man diese Erklärung für einseitig halten mag, sie hat doch zuviel Wahrheitsgehalt, als daß man sie nicht ernst zu nehmen brauchte. Für die Frage, wie sich die Kriegsgefahr vermindern läßt, kommt dem Erklärungsmodell Mitscherlichs, so will mir scheinen, eine beträchtliche Bedeutung zu. Darauf wird später zurückzukommen sein.

Einen etwas anderen Weg, aber auch von Freud ausgehend, nimmt Konrad Lorenz. Vor allem in den Büchern »Das sogenannte Böse« und »Der Abbau des Menschlichen« hat er sich mit dem Problem der Aggression befaßt und dabei sein Hauptaugenmerk auf den *Zusammenhang zwischen Aggression und*

Krieg gewandt. Ein wichtiger Ausgangspunkt seiner Lehre ist die Annahme, daß die intraspezifische, die innerartliche Aggression per se keineswegs das Prinzip des Bösen schlechthin bedeutet, wie die Morallehre immer angenommen hat und teilweise noch heute annimmt. Im Gegenteil, die Aggression »vollbringt eine arterhaltende Leistung« (1980, S. 36). Sie ist das auslösende Moment für vielerlei Verhaltensweisen des Menschen, für energisches Anpacken einer Aufgabe, für Kreativität, für Ehrgeiz, für künstlerisches und wissenschaftliches Schaffen, ja für Liebe, aber auch für Haß, der keineswegs dasselbe ist wie Aggression, für Kampf, für Tötung, für Krieg.

Man könnte sich freilich vorstellen, daß man den Menschen durch Psychopharmaka seiner Triebe weitgehend beraubt und eine Organisation der Menschheit gründet, in der sich die Großkonzerne aller Länder zu einer weltbeherrschenden Macht vereinen. Damit wäre die »offene Gesellschaft«, von deren Existenz, wie der Philosoph Karl Popper gezeigt hat (1980), das Weiterbestehen unseres Menschentums abhängt, vernichtet. Eine solche geschlossene Gesellschaft wäre unmenschlich. Aldous Huxley hat in seinen Büchern »Brave New World« und »Brave New World Revisited« ein schauerliches Bild einer solchen zukünftigen »Kultur« entworfen: In dieser Welt hält eine strenge Organisation große Menschenmassen in erzwungener und bis in kleinste Einzelheiten tyrannisch festgelegter Arbeitsteilung – eine Organisation, die sich auf einen ungeheuren Schatz »wissenschaftlicher« Informationen gründet, dem Individuum jedoch gezielt nur einen minimalen Anteil dieses Gesamtwissens zugänglich macht. Dennoch fühlt sich der Einzelmensch glücklich und zufrieden, weil ihm von der Wiege an eine wohlerprobte Indoktrinierung aufgezwungen und Zufriedenheit durch Psychopharmaka ermöglicht wird. Lorenz fügt hinzu (1983, S. 206): Ein solcher Herrschaftsapparat mit einem System von Doktrinen »entwickelt bei längerem Bestehen stets Mechanismen, die dazu angetan sind, jede Häresie zu unterdrücken. Alle menschlichen Reaktionen der Treue, Loyalität, Begeisterung werden gezielt motiviert und kanalisiert, um Dissidenten als dumm, schlecht, verräterisch zu brandmarken oder für verrückt zu erklären.«

Die Aggression gehört also zum Menschen, sie ist ein Instinkt wie jeder andere, sie kann durchaus Positives bewirken, und sie bewirkt das auch unaufhörlich, sie kann aber auch eine große Gefahr darstellen. In der gegenwärtigen Situation, in der die Menschheit drauf und dran ist, Selbstmord zu begehen, stellt sie eine Gefahr allerersten Ranges dar. Die Frage lautet somit: Wie kann man den Trieb belassen, dabei aber gewährleisten, daß für den speziellen Fall, in dem er sich schädlich auswirken könnte, ein ausreichend funktionierender Hemmungsmechanismus einsetzt? Wir werden uns im VIII. Kapitel mit dieser Frage befassen müssen.

Folgen wir noch für ein paar Gedankengänge Konrad Lorenz. Auch er spricht von einer »Störung des Gleichgewichts«, die heute den Frieden bedroht, jedoch in einer ganz anderen Weise, als das die Abschreckungsstrategen tun. Lorenz meint das *Ungleichgewicht zwischen Tötungsmöglichkeiten und Tötungshemmungen.* »In der Vorgeschichte der Menschen waren keine besonders hochentwickelten Hemmungsmechanismen zur Verhinderung plötzlichen Totschlags nötig, da ein solcher sowieso nicht möglich war. Der Angreifer konnte sein Opfer ... nur durch Kratzen, Beißen und Würgen ums Leben bringen, und dabei hatte dieses reichlich Gelegenheit, durch Demutsgebärden und Angstschreie an die Aggressionshemmung des Angreifers zu appellieren. Bei einem nur schwach bewaffneten Tier war begreiflicherweise kein Selektionsdruck am Werke, der jene starken und verläßlichen Hemmungen des Waffengebrauchs hervorbringen konnte, die für das Überleben einer mit gefährlichen Waffen ausgestatteten Tierart unbedingt notwendig sind. Als dann die Erfindung künstlicher Waffen mit einem Schlage neue Tötungsmöglichkeiten eröffnete, wurde das vorher vorhandene Gleichgewicht zwischen den verhältnismäßig schwachen Aggressionshemmungen und der Fähigkeit zum Töten von Artgenossen gründlich gestört« (1980, S. 226 f.). Heute steht der Mensch da, »in der Hand die Wasserstoffbombe, die ihm sein Geist beschert hat, im Herzen den von Anthropoiden-Ahnen ererbten Aggressionstrieb, den seine Vernunft nicht zu meistern vermag« – eine Sicht, aus der man ihm kein langes Leben voraussagen kann (1980, S. 55).

Wie konnte es dazu kommen? Die Evolution des Lebendigen, sagt Lorenz, vollzieht sich in viel größeren Zeiträumen als die Entfaltung der menschlichen Kultur. Der menschliche Geist entwickelt sich um ein Vielfaches schneller als die Seele, und daher verändert der Mensch die eigene Umwelt sehr häufig zu ihren und seinen Ungunsten (1983, S. 145). Die dem Denken des Menschen entsprungene moderne Lebenswelt ist gewissermaßen dem instinktiven Steinzeitverhalten zugeordnet. Man kann sagen, der Mensch ist zu fortschrittlich für seine Ausstattung. Lorenz sieht den Beginn dieses Prozesses beim Gebrauch der ersten Waffen. Als der Mensch zum ersten Male die Keule schwang, konnte er schneller agieren, als er instinktmäßig zu reagieren imstande war, und dadurch verloren die Tötungshemmungen an Wirksamkeit. Der menschliche Geist hat Verhältnisse geschaffen, denen seine natürliche Veranlagung nicht mehr gewachsen ist. Der Mensch hat die kreative Selektion ausgeschaltet, die damit aufgehört hat, segensreich auf ihn zu wirken. Die instinktiven Hemmungen, Mitmenschen zu schädigen und zu töten, haben ihre Macht eingebüßt (1983, S. 13, 18, 187). Der Aggressionstrieb des Menschen ist entartet, und dadurch hat er den paradiesischen Zustand eines instinktgeregelten Zusammenlebens mit seinesgleichen verloren.

Die natürlichen Neigungen des Menschen sind gar nicht so schlecht, wie das oft hingestellt wird. »Der Mensch ist gar nicht so böse von Jugend auf, er ist nur nicht ganz gut genug für die Anforderungen des modernen Gesellschaftslebens« (1980, S. 234). Da ist einmal die Vergrößerung der Sozietäten, die dazu geführt hat, daß sich die einzelnen nicht mehr genügend kennen, weshalb das Gleichgewicht zwischen den Instinktbewegungen der Anziehung und der Abstoßung gestört ist. »Wir sollen unseren ›Nächsten‹ so behandeln, als wäre er unser bester Freund, obwohl wir ihn vielleicht nie gesehen haben« (1980, S. 235).

Da ist weiter die Vermehrung der Bereitschaft zu aggressivem Verhalten infolge des engen Zusammenlebens der Menschen, das eine »Ermüdung« der sozialen Bindungen zur Folge hat. In der kleinen Sozietät, in der sich alle kennen, sind natürliche Mechanismen zur Aggressionsregulierung wirksam;

nicht so in der großen. Und da gibt es schließlich eine Flut von Verboten, die die Bereitschaft zu aggressiven Strebungen dadurch steigern, daß die Gelegenheit zur natürlichen und legalen Abfuhr verbaut wird.

Das ist die Diagnose. Die Therapie lautet scheinbar einfach: Man muß das verlorengegangene Gleichgewicht zwischen Bewaffnung und angeborener Tötungshemmung wiederherstellen (1980, S. 233). Die Frage ist nur wieder die: Wie kann das geschehen? Auch darauf soll im Kapitel VIII näher eingegangen werden.

Wir wollen jetzt aber den Ausflug in die Psychologie und die Verhaltenswissenschaft – Freud, Mitscherlich, Lorenz – beschließen. Dem Nichtfachmann wird es ohnehin schon zuviel Fachspezifisches gewesen sein, der Fachmann allerdings wird eher die Verkürzung und Vereinfachung der Dinge rügen. Was die modernen Psychologen und Verhaltensforscher tun, ist – ich deutete es oben schon an – im Grunde nur ein Ausbau, gewiß auch eine Vertiefung dessen, was die Naturrechts-Philosophen der Aufklärungszeit über die Naturbefindlichkeit des Menschen gedacht und gelehrt haben. Bald wird der Mensch als geselliges, bald als ungeselliges Wesen gesehen, bald erscheint er in seiner »geselligen Ungeselligkeit«. Also schon hier finden wir die doch wohl auch der natürlichen Erfahrung entsprechende Erkenntnis, daß der Mensch von Hause aus weder ganz gut noch ganz böse ist. Dabei ist es gar nicht so sehr das »Tier« im Menschen, das böse ist – Tiere sind ja überhaupt, streng genommen, weder gut noch böse –, es ist weit eher das »Menschliche« im Menschen, das ihm und der Menschheit gefährlich werden kann. Instinktmäßig trachtet der Mensch sowenig wie das Tier nach Vernichtung seiner Artgenossen, wenn auch Fehlverhalten, wie wir wissen, immer wieder vorkommt. Wie oben ausgeführt, ist der Mensch von Natur aus mit ausreichenden Hemmungsmechanismen ausgestattet, die für den Regelfall gewährleisten, daß seine Aggressionen wohl zu mannigfaltigen Formen von Streit, Feindseligkeiten und Kampf führen, aber eben nicht zur Vernichtung des Gegners. Erst als er technische Mittel des Tötens und gar des massenhaften Tötens ersann, wurden seine Aggressionen gemeingefährlich.

Das führt zu einem neuen Stichwort: *Angst*. Die Menschen, die Völker haben Angst voreinander. Das ist unbezweifelbar. Fraglich hingegen ist, was solche Angst bewirkt. Fördert sie den Frieden oder vergrößert sie die Gefahr eines Krieges? Die Antwort kann nicht ja oder nein lauten. Die Wirkung der Angst ist ambivalent.

Für Thomas Hobbes sind das Recht und der darauf gegründete Friede ein Angstprodukt. Hobbes sieht den Menschen als ein von Natur asoziales Wesen, als einen Egoisten. Der Naturzustand ist die schrankenlose Freiheit, jeder besitzt »ein Recht auf alles, die anderen Menschen selbst nicht ausgenommen«. Da aber alle Menschen dieselben unbeschränkten Freiheiten haben, besteht im Naturzustand ein Krieg aller gegen alle (»bellum omnium contra omnes«), ist jeder dem anderen ein Wolf (»homo homini lupus«). Jeder hat daher vor dem anderen Angst. Aus diesem Grund und weil er einsieht, daß ein schrankenloser Gebrauch seiner urtümlichen Freiheit zu seiner Selbstvernichtung führen müßte, erscheint es ihm vernünftig (wir sind im Zeitalter des Vernunftrechts), den Frieden zu suchen, soweit dies möglich ist. Auf diese Einsicht gründen sich Recht und Staat, aus Angst leben die Menschen friedlich miteinander – soweit es eben geht. Gewiß ist das eine recht einseitige Betrachtungsweise, und die späteren Naturrechtslehrer haben sie auch modifiziert, doch auch noch bei Pufendorf zum Beispiel spielen die Hilflosigkeit und die Angst des Menschen für die Begründung von Recht und Frieden eine bedeutsame Rolle.

Soll man also die Ängste der Menschen – die »Angst vor den Russen« – um des Friedens willen schüren? Das wäre ein bedenkliches Rezept. Natürlich gibt es heute gute Gründe für die Angst. Die begründete »Angst ums Überleben« ist ja auch das entscheidende Motiv für die europäische Friedensbewegung, nicht ein essentieller Antiamerikanismus und schon gar nicht eine pro-sowjetische Entwicklung, primär nicht einmal ein Neutralismus (Carl Friedrich v. Weizsäcker 1982, S. 15). Aber die Angst hat eine Kehrseite. Hoimar v. Ditfurth (S. 151 f.) spricht von einer uns allen angeborenen »Asymmetrie des Angsterlebens«. »Zwischen der Angst, die ich an mir selbst erlebe, und der Angst eines anderen, von der ich lediglich weiß, klaffen Welten . . . Die Situation, in der ich mich befinde, wenn ich mir mit noch so großer Phantasie vorstelle, ein Zahnarzt bohre mir auf dem Nerv, und die Situation, in der er das wirklich tut, haben trotz äußerlich deckungsgleicher Übereinstimmung in Wahrheit kaum etwas miteinander gemein. In dem gleichen Sinne ist stets auch nur die eigene Angst real. Die Angst eines anderen bleibt ihr gegenüber ein blasser Schemen. Daher erlebt jeder von uns die Rakete in der Hand des Gegners unmittelbar als lebensbedrohendes Potential. Die Fähigkeit jedoch, die angstauslösende Wirkung realistisch einzuschätzen, die von der gleichen Rakete in der eigenen Hand ausgeht, ist in der menschlichen Psyche fatal unterentwickelt.« Es ist daher nicht richtig, wenn man das *erlebte* Bedrohtsein einfach mit dem *realen* Bedrohtsein identifiziert und dann beispielsweise mit »Nachrüstung« reagiert. Und darum kommt es auch, anders herum betrachtet, nicht darauf an, was die USA wirklich vorhaben, also daß sie tatsächlich keinen Angriff auf die Sowjetunion planen, entscheidend für unser Verhalten muß sein, was auf sowjetischer Seite für möglich gehalten wird. Dabei sollte man sich auch immer der Tatsache eingedenk sein, daß in die USA noch nie von anderen Ländern ein Krieg getragen worden ist, daß ins russische Land dagegen fremde Heere schon zu wiederholten Malen tief eingedrungen sind.

Der Rüstungswettlauf resultiert wesentlich aus der Angst, die andere Seite könnte eine nicht mehr einholbare Überlegenheit erreichen. Und aus dieser Angst könnte eines Tages auch die Bereitschaft erwachsen, auf die Gefahr – womöglich nur eine vermeintliche Gefahr – zu reagieren, im schlimmsten Fall durch den Einsatz von Atomwaffen. Wenn es zu einem atomaren Präventivkrieg kommen sollte, würde er sehr wahrscheinlich aus sowjetischer Angst heraus ausgelöst. Und noch eines. Wer die von v. Ditfurth aufgezeigte Asymmetrie des Angsterlebens nicht sieht, nicht wahrhaben will, wird mit innerer Logik in Schuldzuweisungen einen Ausweg suchen: in der Produktion von Feindbildern. In diesem Sinne hat Alt recht, wenn er in der Angst die Ursache aller Feindbilder sieht (1985, S. 23).

Man muß also der Angst eine andere Zielrichtung geben,

damit sie zu einer »produktiven Kraft« im internationalen politischen Aktionsfeld wird, damit sie als »Motivationstrieb zum Abrüsten und zur Verständigung« wirksam werden kann (Kogon, S. 114f.). »Produktive Angst«, das ist eine Losung, die viele heute aufgreifen (z. B. Richter, S. 117ff.; Begemann, S. 130). Nur ist freilich auch hier wieder die Frage, wie man das in die Realität umsetzen kann. Die Diagnose ist auch hier einfacher als die Therapie.

Oben ist ein weiteres Stichwort gefallen: *Feindbilder*. Die Angst erzeugt Feindbilder, sagten wir. Aber nicht nur sie. Vielleicht mehr noch ist es die »Versuchung des Absoluten«, die *Beanspruchung der ganzen Wahrheit, des alleinigen Gutseins*, woraus die mörderischen Freund-Feind-Abgrenzungen hervorgehen. Dabei ist die Indoktrinierung von solchen Feindbildern wie: böse ist *der* Russe, *der* Amerikaner, *der* Deutsche, *der* Jude ... ein ganz unentbehrliches Mittel, um den Tötungswillen der Menschen zu motivieren. Deshalb reagieren die Rüstungspolitiker auch so argwöhnisch, wenn davon die Rede ist, daß Feindbilder abgebaut werden sollen. Warum auch soll man gegen Menschen kämpfen, sie töten, wenn diese »so gut oder so böse sind wie wir selbst«? (Richard v. Weizsäcker). Von sich aus hassen die Menschen der verschiedenen Völker einander meist überhaupt nicht, wenn sie sich persönlich kennenlernen, jedenfalls hassen sie sich nicht auf den Tod; wer in Rußland war oder in Amerika, wird finden, daß die Menschen dort nicht anders sind als·wir alle. Es sind nicht die Völker als solche, es sind die Führer der Völker, ihre Regierungen, die, durch die Macht korrumpiert, Feindschaft säen und schüren. Im Juli 1984 hat der damalige sowjetische Verteidigungsminister Ustinow in Archangelsk gesagt: »Den sowjetischen Menschen muß mit noch größerer Hartnäckigkeit Liebe zur Heimat, Haß·gegen ihre Feinde, hohe Wachsamkeit und ständige Bereitschaft zu Heldentum anerzogen werden« (nach einem Pressebericht). Das ist schlimm – aber der Russen- und Kommunistenhaß, der bei uns im Westen angeheizt wird, ist kaum besser. Eigentlich sollten gerade wir Deutschen wissen, was geschehen kann, wenn kollektive Aggressionen und Feindbilder aufgebaut werden, wenn die Begeisterungsfähigkeit der Menschen schamlos zu verwerflichen Zwecken mißbraucht wird. Wer zur Zeit der Diktatur schon bewußt am Leben teilnahm, wird sich erinnern, wie damals die Indoktrinierung von Feindbildern betrieben wurde, wie die Menschen berieselt wurden, bis ihnen ein »heiliger Schauer« über den Rücken lief. Ganz so ist es heute gewiß nicht mehr. Aber ist das unaufhörliche Geschwätz vom imperialistischen Monopolkapitalismus auf der einen und von dem die freiheitlich-demokratische Grundordnung zersetzenden Kommunismus auf der anderen Seite nicht doch auch Geist von diesem Geist? Und eine Demagogie, die an die Gefühle der kollektiv-aggressiven Begeisterung rührt, war dem Frieden schon immer gefährlich, weil sie zum Krieg bereit macht – und das soll sie ja wohl auch.

Als der Hauptfaktor, der den Frieden bedroht, wird von den meisten die Aggression angesehen. Das gilt auch für den *inneren* Frieden. Hier ist es vor allem ein Umstand: der *Generationenkonflikt*. Natürlich hat es Spannungen zwischen den Generationen immer gegeben. Aber in der heutigen Zeit haben die jungen Menschen einen Abstand zu ihren Eltern und Großeltern, den es in früheren Jahrhunderten nicht gegeben hat. Sie stehen der älteren Generation überaus kritisch, ja oft feindselig, auf jeden Fall aggressiv gegenüber. Sie halten die gesamte in unserer kulturellen Tradition enthaltene Information für entbehrlich. Der Grund für dieses Auseinandertriften der Generationen liegt zweifellos in der Schnelligkeit der Entwicklung unserer technologisch orientierten Kultur. Er liegt aber auch in der Schnelligkeit der Generationenfolge; während früher die Biologen den Abstand der Generationen mit etwa dreißig Jahren bezifferten, wird heute nicht viel mehr als die Hälfte veranschlagt. Zwischen diesen Generationen aber wird der soziologische Abstand, der Abstand der Interessen, immer größer. Während nun aber die Generationen einander immer unähnlicher und fremder werden, werden auf der ganzen Erde die Menschen derselben Generation einander immer ähnlicher. Ein deutscher Jugendlicher kleidet sich nicht nur genauso wie ein amerikanischer oder australischer, er fühlt sich diesen auch näherstehend als seinen eigenen Eltern. Das ist natürlich insofern ein Gewinn, als in dem zwischenstaatlichen Kennenlernen der jungen Menschen eine friedensstabilisierende Kraft liegt. Doch die Sache hat auch eine Kehrseite. Wenn auch jede Generation Tradition über Bord werfen muß und die Menge der über Bord zu werfenden Tradition heute größer ist als je zuvor, so ist es doch keineswegs an dem, daß immer wieder sofort eine neue Kultur bereitstünde. Die heutigen jungen Menschen empfinden insofern ein großes Vakuum. Das Ergebnis ist Sinnentleerung, Verzweiflung, Selbstmord – jedenfalls allemal Aggressionen.

Nun darf man aber auch nicht alles auf die Aggression schieben. Leder ist sogar der Meinung, daß die Aggression bei den Kriegführenden nur eine sekundäre Rolle spiele. Sie sei das Fahrzeug, nicht aber der Treibstoff, der es in Bewegung setzt (S. 51 f.). Der »Urgrund der Geschichte« sei das Selbstwertgefühl (S. 96 ff.). Kriege werden nach Leder aus *gekränktem Selbstwertgefühl* und damit also zur Steigerung des Selbstwertgefühls geführt. Das ist gewiß auch eine etwas zu einseitige Sicht. Es gab zweifellos Kriege, die nicht so motiviert waren, etwa die Kreuzzüge. Aber meist wird ein gekränktes Selbstwertgefühl eine der Ursachen für die Aggressionen sein, die zum Krieg führen. Vor allem kann, worauf oben schon hingewiesen worden ist, ein mangelndes Selbstwertgefühl die Angst hervorrufen, die einen Präventivschlag auslöst.

Der Diagnose muß die Therapie folgen. Die nukleare Abrüstung ist selbstverständlich ein wichtiger Beitrag zur Sicherung des Friedens, ein ganz unentbehrlicher. Aber er kann und darf nicht alles sein, was wir für den Frieden tun müssen. In Kapitel VIII soll versucht werden, einige Wege zum Frieden zu zeigen. Zuvor aber soll der heute sehr aktuellen Frage nachgegangen werden, ob unter Umständen auch Gewalt ein Mittel zum Frieden sein kann. Gewalt für den Frieden?

VII. Das Problem der Gewalt

Von Regierungsseite ist Anstoß daran genommen worden, daß es Leute gibt, die für den Frieden »kämpfen« wollen. Ich muß gestehen, daß mir bei dem Wort »Friedenskampf« auch nicht wohl ist. Es scheint zum Nationalcharakter der Deutschen zu gehören, daß sie immer und für alles »kämpfen« müssen. Aber das tun ja doch vornehmlich die Politiker selbst. Sie kämpfen für den NATO-Doppelbeschluß, sie kämpfen für die Aufstellung von Nuklearraketen, sie bestreiten Wahlkämpfe damit – und alle diese Kämpfe führen sie ja doch, so sagen sie, für den Frieden. Warum also sollen die, die andere Wege zur Friedenssicherung für geeigneter halten, dafür nicht auch kämpfen dürfen? Das kann also nicht das Problem sein. Das Problem ist, ob jeder seine Auffassung von Friedenspolitik auch *mit gewaltsamen Mitteln* durchzusetzen befugt ist.

Um sogleich klar zu antworten: Er ist es nicht. Wer Gewalt für den Frieden einsetzt (ich spreche jetzt nicht von einem Verteidigungskrieg, der ja nicht von einzelnen geführt wird), kann nicht erwarten, daß man ihn ernst nimmt. Nur Friedfertige können der Sache des Friedens dienen – was nicht heißt, daß Friedfertigkeit allein schon ausreicht, um den Frieden zu gewährleisten. Und zur Friedfertigkeit gehört vor allem *Geduld*. Geduld ist ein ganz wichtiges Moment im Bemühen um den Frieden. Was mich von vielen Anhängern der sogenannten »Friedensbewegung« trennt, ist dies, daß sie keine Geduld haben und daß dieser Mangel an Geduld nicht selten zu Folgen führt, die ich nicht mittragen kann. Der Ungeduldige, hat Gustav Radbruch einmal gesagt, kann nicht warten, daß etwas wachse, er will in jedem Augenblick fertig sein, in jedem Augenblick ans Ziel gelangen (1963, S. 100). Und weil Ungeduld nicht warten kann, weil sie immer alles ganz und sofort haben muß und sich nie mit einem späteren und teilweisen Gelingen zufrieden gibt, ist sie eine der wesentlichsten Ursachen von Gewalt. Daß manche »Friedensdemonstrationen« in Gewaltakten enden, liegt auch (keineswegs nur) daran, daß den Teilnehmern die Geduld reißt. Freilich, die Situation ist heute so, daß es eigentlich keine Zeit mehr zu verlieren gibt. »Why we can't wait« hat Martin Luther King eines seiner Bücher genannt: »Warum wir nicht warten können«. Doch man muß sich immer wieder zur Geduld mahnen, immer wieder, gerade dann, wenn man meint, mit Geduld geht es nicht. Ein Ruhen der Waffen kann man erzwingen. Gewaltlosigkeit und Frieden aber sind nicht mittels Gewalt zu haben. Jedes ungeduldige Erzwingenwollen der Gewaltlosigkeit und des Friedens bedeutet eine Niederlage für diese Sache (näher habe ich darüber geschrieben: 1984a, S. 251ff.).

Also, *keine Gewalt für den Frieden*! Was aber ist Gewalt? Ist es Gewalt, wenn Demonstranten durch einen Sitzstreik den Weg versperren? Der Bundesgerichtshof hat das bejaht, und da die höchste Instanz gesprochen hat, könnte man, zufrieden oder unzufrieden damit, diesen Punkt abhaken. Aber so einfach ist es nicht. Diese Rechtsprechung befindet sich unter Beschuß eines Großteils der strafrechtlichen Literatur, und schon zeigen sich erste Anzeichen, daß auch der Bundesgerichtshof schwankend wird. Man tut gut daran, sich den Streit um den Gewaltbegriff einmal ganz losgelöst von dem derzeitigen aktuellen politischen Streit zu vergegenwärtigen.

Nach dem Sprachgebrauch ist für den *Gewaltbegriff* wesentlich, daß *unter Anwendung von Körperkraft* auf den Körper des Opfers eingewirkt wird, um dessen Widerstand zu überwinden. So hat die Rechtsprechung den Gewaltbegriff auch viele Jahrzehnte lang gebraucht. Doch das Leben steht nicht still. Es gibt neue und andere Mittel als körperliche Kraftentfaltung, um den Widerstand eines anderen zu brechen, zum Beispiel die listige Beibringung eines Narkotikums wie Chloraethyl. Einen solchen Fall hatte der Bundesgerichtshof am 5. April 1951 zu entscheiden. Er hat erklärt, daß es sich hier um Gewalt handelt. Der Leitsatz des Urteils lautet: »Gewalt im Sinne des

§ 249 StGB [das ist Raub] wird auch dadurch geübt, daß der Täter das Opfer durch ein ohne Gewaltanwendung beigebrachtes Betäubungsmittel seiner Widerstandskraft beraubt.« »Gewalt« kann also auch ohne Gewaltanwendung geübt werden! Ich will mich jetzt nicht in strafrechtsdogmatischen Ausführungen über eine solche Art von Argumentation verlieren. Ich möchte nur sagen, daß der Bundesgerichtshof hier etwas getan hat, was nicht Aufgabe der Gerichte, sondern der Gesetzgebung ist. Man kann mit guten Gründen der Ansicht sein, daß ein Tun wie das oben beschriebene als Raub strafbar sein soll. Dann muß das in das Gesetz geschrieben werden. Man kann aber nicht sagen, »Gewalt« ist auch, wenn keine Gewalt ausgeübt wird.

Aber die »Vergeistigung« des Gewaltbegriffs, wonach es nicht auf die *Betätigungsweise* des Gewalttäters, sondern nur auf die *Wirkung* auf das Opfer ankommen soll, hat weitere Kreise gezogen. In dem Urteil des Bundesgerichtshofs vom 4. März 1964 ging es wieder um einen Fall, an den der Gesetzgeber des Jahres 1871 nicht denken konnte. Ein Autofahrer war auf der Überholspur einer Autobahn mit hoher Geschwindigkeit an den letzten Wagen einer Wagenkette unter ständigem Hupen und Blinken herangefahren, um ihn zu verdrängen, und er hat diese Fahrweise über mehrere Kilometer fortgesetzt, bis sich der Vorgänger schließlich gefährdet fühlte, fahrunsicher wurde und deshalb nach rechts herausfuhr. Wahrscheinlich wird jeder anständige Autofahrer zustimmen, daß ein derartiger Autobahnrowdy bestraft werden soll. Aber ist hier »Gewalt« angewendet worden? Gewalt, sagt der Bundesgerichtshof in dieser Entscheidung, »kann auch ohne eigene erhebliche Körperkraft ausgeübt werden. Wesentlich ist dafür vielmehr die Zwangseinwirkung auf den Genötigten. Zu dessen Körper gehört auch das Nervensystem, auf dessen Funktionieren die Willensausübung mit beruht.«

Die Strapazierung des Nervensystems war dann auch der maßgebliche Grund für die Verurteilung von Studenten im »Heidelberger Germanistenprozeß« durch den Bundesgerichtshof im November 1981. Die Studenten hatten »durch Geschrei, Gebrüll, Pfeifen, Absingen von Liedern oder Gebrauch von Lärminstrumenten« Dozenten dazu gebracht, Vorlesungen und Prüfungen abzubrechen. Der Bundesgerichtshof nahm gewaltsame Nötigung an. Wieder mag man ein solches Verhalten verabscheuen. Ich mußte auch schon Lehrveranstaltungen wegen ohrenbetäubenden Lärms abbrechen, und ich fand das gar nicht erheiternd. Aber der Gedanke, daß mit diesem Lärm »Gewalt« auf mich ausgeübt werde, kam mir nicht.

Von hier aus ist es nun in der Tat kein weiter Schritt mehr, auch einen Sitzstreik als »Gewalt« zu qualifizieren. Die »Vergeistigung« schreitet von Mal zu Mal nur ein kleines bißchen weiter. Schlagzeilen hat der Kölner Fall gemacht, wo Demonstranten sich auf Straßenbahngleisen niedergelassen hatten, so daß die Trambahn behindert war. Das Kölner Landgericht hat in seinem Urteil vom 31. Oktober 1968 ein Gewaltdelikt verneint, indem es wieder zum alten, »klassischen«, Gewaltbegriff zurückkehrte. Dafür werden zunächst »sprachliche« Gründe vorgebracht. Vor allem aber hat das Gericht den Zweck der Bestimmung über den Landfriedensbruch – darum ging es – bemüht. Dieser erfordere, so heißt es in dem Urteil, »ein rohes, aggressives Verhalten, durch welches Leib oder Leben der angegriffenen Personen beeinträchtigt oder unmittelbar gefährdet wird«; das aber sei nicht der Fall, wenn Demonstranten Straßenbahnschienen blockiert haben, »denn die auf Sicht fahrenden Straßenbahnfahrer, die zudem auf die bevorstehende Demonstration hingewiesen worden waren, konnten die Bahnen mühelos und gefahrlos anhalten«. Es braucht kaum gesagt zu werden, daß dieses Urteil auf lebhafte Zustimmung, aber auch auf empörte Ablehnung gestoßen ist. Das ist bekannt. Der Bundesgerichtshof hat am 8. August 1969 das Urteil des Landgerichts Köln aufgehoben. Es gehe zu weit, argumentiert er, für den Gewaltbegriff ein *rohes* aggressives Verhalten zu verlangen. Gewiß, darüber, ob die Aggression des Gewaltanwendenden »roh« sein muß, kann man streiten. Aber eine *Aggression* muß es doch eigentlich sein. Ist bloßes Dasitzen eine Aggression? Ein Kritiker hielt dem Bundesgerichtshof entgegen, ein Sitzstreik sei geradezu »das Muster einer Aktion, die auf Gewalt im Sinne der Entfaltung körperlicher Kraft verzichtet«.

Aber wenn man einmal der Überdehnung des Gesetzes stattgegeben hat, gibt es nach innerer Logik kaum mehr ein Halten. Das Bayerische Oberste Landesgericht hat in einem Beschluß vom 14. April 1969 angenommen, daß eine demonstrierende Menge, die die ganze Breite einer Fahrbahn einnimmt, um sich Gehör zu verschaffen, Gewalt ausübt. Wenn das richtig ist, übt auch eine Fronleichnamsprozession Gewalt aus. Das wird jeder als unsinnig bezeichnen, und das bayerische Gericht wird im Sinne seines Beschlusses darauf hinweisen, daß eine Fronleichnamsprozession eine *rechtmäßige* Demonstration ist. Das ist sie in der Tat. Aber dem entwickelten Gewaltbegriff unterfällt sie, denn Verkehrsteilnehmer werden gezwungen, einen anderen Weg zu nehmen oder zu warten, was eine Einwirkung auf ihren Körper darstellt. Und nur auf diese *Wirkung* soll es ja ankommen. Entscheidend ist, sagt der Bundesgerichtshof in einem Urteil vom 19. April 1963, daß die vom Täter ausgehende Einwirkung auf das Opfer als körperlicher Zwang *empfunden* wird, ein besonderer Kraftaufwand ist nicht erforderlich. Eine Fronleichnamsprozession, die gewiß friedlich ist, erfüllt diese Voraussetzungen (*verbal* verlangt man zwar für den Gewaltbegriff eine Nötigungsabsicht, *praktisch* aber läßt man meist genügen, daß die Beeinträchtigung der Freiheit anderer als notwendige Folge des Handelns hingenommen wird). Ich halte das für ein indiskutables Ergebnis.

Die ganze Verworrenheit der gegenwärtigen Rechtslage im Hinblick auf den Gewaltbegriff zeigt sich an der neuesten Rechtsprechung zu Sitzstreiks von Nachrüstungsgegnern. Zwar folgt immer noch die Mehrheit der Tatrichter dem Bundesgerichtshof und bejaht daher das Vorliegen von Gewalt. Doch die Zahl der Jugendrichter und Amtsrichter, die sich weigern, passiven Widerstand gegen die Raketenstationierung als gewalttätige Nötigung zu beurteilen, nimmt zu. Freilich werden diese Freisprüche von der Rechtsmittelinstanz zumeist aufgehoben. Daß aber Bewegung in die Szene gekommen ist, kann nicht übersehen werden. Ganz aufgegeben hatte der Bundesgerichtshof den Gedanken, daß zur Gewaltanwendung eine »Kraftentfaltung« seitens des Täters gehört, ohnehin nicht; in zwei Urteilen vom 5. Dezember 1961 und vom 16. November

1962 beispielsweise ist darauf abgestellt – freilich ging es dabei nicht um Sitzstreik. Vielleicht wird man einwenden, das sei in diesen Urteilen nur beiläufig erfolgt. In dem jüngsten Urteil des Bundesgerichtshofs zu dieser Frage (vom 4. März 1981) ist aber ganz ausdrücklich betont, daß Gewaltanwendung eine »physische Kraftentfaltung« erfordert; im konkreten Fall – Ausschaltung des Opfers mit chemischen Sprays – war diese Kraftentfaltung freilich minimal. Immerhin kann man heute nicht mehr sagen, unser höchstes Strafgericht sehe bei dem Merkmal der Gewalt ausnahmslos von einer aktiven, aggressiven Betätigung des Gewaltanwendenden ab.

Daß es dies überhaupt nie getan hat, erhellt aus der Rechtsprechung zur Vergewaltigung. Hier wurde, soweit ersichtlich, nie *nur* auf die Wirkung beim Opfer abgestellt, darauf, was die Frau *empfunden* hat. So hat der Bundesgerichtshof in einem Urteil vom 1. Juli 1981 Gewalt in einem Falle verneint, in dem der Täter das in seinem Wagen mitgeführte Mädchen zu einer abgelegenen Stelle gefahren hatte, an der es keine Hilfe erwarten konnte. Das Gericht ließ offen, ob »schon« darin eine Gewaltanwendung zu erblicken sei, daß der Täter sein Fahrzeug so neben einem Baum zum Halten gebracht hatte, daß das Mädchen die rechte Wagentür nur einen Spalt breit öffnen konnte; dies sei um so fraglicher, als dem Mädchen sehr wohl möglich gewesen wäre, vom Vordersitz aus nach hinten auf die Ladefläche des Wagens zu klettern und auf diesem Weg das Fahrzeug zu verlassen. Und also lautet der Kernsatz des Urteils: »Nicht in jeglichem Einschließen oder ähnlicher Beschränkung der Bewegungsfreiheit einer Frau in der Absicht, mit ihr geschlechtlich zu verkehren, liegt bereits Anwendung von Gewalt im Sinne dieser Strafvorschrift« (§ 177 StGB: Vergewaltigung). Man vergleiche die von einem solchen Täter ausgehende Aggression mit den Aggressionen der einen Sitzstreik veranstaltenden Kernwaffengegner!

In dem Heidelberger Germanistenprozeß wurde anerkannt, daß auch »verbale Gewalt« als Nötigungsmittel genügt. Für eine Vergewaltigung dagegen soll das nicht ausreichen, auch dann nicht, wenn die verbale Einwirkung auf die Frau mit einem »psychischen Zwang von einigem Gewicht« verbunden ist (Urteil des Bundesgerichtshofs vom 1. Juli 1981). Nun wird man für diese Entscheidung einiges Verständnis aufbringen können. Es liegt ja gewissermaßen in der Natur der Dinge, daß der Mann die sich sträubende Frau durch Reden geneigt zu machen versucht, und es dürfte schwer abzugrenzen sein, wo ein solches Werben in Unverschämtheit übergeht. Immerhin hat das Oberlandesgericht Köln in einem Beschluß vom 18. Mai 1979 den Standpunkt vertreten, es sei Gewalt, wenn der Täter sein Opfer durch die fernmündliche Mitteilung einer angeblichen schweren Erkrankung eines Angehörigen gefügig macht. Vielleicht geht das zu weit. Dann geht es aber auch zu weit, »verbale Gewalt« bei Vorlesungsstörungen anzunehmen.

Daß die höchstrichterliche Rechtsprechung zwei sehr unterschiedliche Gewaltbegriffe verwendet, je nachdem, ob es sich um Fälle der Nötigung, des Raubs, des Widerstands gegen Vollstreckungsbeamte, des Landfriedensbruchs handelt, oder ob Gewalt auf sexuellem Gebiet in Frage steht, ist ganz sicher kein Zufall, wie es eben auch kein Zufall ist, daß Gerichte Teil der öffentlichen Gewalt sind und überwiegend aus Männern bestehen. Ich unterstelle den Strafgerichten keineswegs eine bewußt tendenziöse Rechtsprechung. Ich war selbst mehrere Jahre Strafrichter und weiß daher, wie schwierig es ist, sich von Denk- und Verhaltensmustern freizumachen, in die man hineingewachsen ist und die einen daher unbewußt lenken. Darum soll dieses Kapitel nicht eine Anklage gegen die Gerichte sein, sondern ein Appell zur Reflexion, zum Neudurchdenken. So wie der Rechtszustand hinsichtlich des Gewaltbegriffs derzeit ist, kann er nicht bleiben. Ob man als Demonstrant wegen Behinderung des Verkehrs verurteilt wird oder nicht, hängt davon ab, welches Gericht zu entscheiden hat. Diese Rechtsunsicherheit kann auf die Dauer nicht hingenommen werden.

Ein bloß passives, nichtaggressives Verhalten ist keine Gewalt. Selbstverständlich kann man darüber diskutieren, ob ein solches Verhalten in bestimmten Fällen für strafbar erklärt werden soll. Das ist dann aber eine Entscheidung, die der Gesetzgeber zu treffen hat. Den Gerichten ist es nach dem Bestimmtheitsgrundsatz verboten, Fälle, die Gewaltdelikten »ähnlich« sind, aber nicht gleich, als Gewaltdelikte zu ahnden.

Ich selbst sehe keine Notwendigkeit, daß der Gesetzgeber hier tätig wird. Bei uns ist man sowieso immer zu schnell mit Strafvorschriften bei der Hand. Andere Länder, z. B. Frankreich, lassen sich ihre freiheitliche Ordnung etwas kosten; sie nehmen Demonstrationen und sogar Terrorismus viel gelassener hin und denken nicht daran, deswegen das Strafrecht zu verschärfen.

Eine ganz andere Seite des Gewaltproblems betrifft die Frage, ob es möglich ist, alle *Konflikte* innerhalb einer Gesellschaft und zwischen den Völkern *gewaltfrei zu lösen*. Können wir zu einem Zustand völliger Gewaltlosigkeit gelangen? Konflikte wird es immer geben, denn so ist der Mensch nicht beschaffen, daß er mit seinesgleichen stets in völliger Harmonie leben könnte. Aber wird man ihn dazu bringen können, Streitigkeiten immer nur gütlich, wenn auch mit Hilfe einer Schiedsstelle, eines Gerichts, beizulegen? Ich halte das für ausgeschlossen. Die völlige Gewaltlosigkeit ist eine Utopie. Ich meine das aber nicht abwertend oder in dem Sinne, daß es unrealistisch sei, nach Gewaltlosigkeit zu streben, da sie ohnehin unerreichbar sei. Wenn es nicht immer wieder Menschen gegeben hätte, die Utopisches, zu ihrer Zeit völlig Unerreichbares, angestrebt haben, würden heute noch Ketzer und Hexen verbrannt, Nichtgeständige gefoltert, Delinquenten hingerichtet. Auch wenn völlige Gewaltlosigkeit niemals erreichbar sein sollte, müssen wir dahin streben, Gewaltanwendungen auf das unerläßliche Maß zu begrenzen.

In einem Rechtsstaat (und man stelle die Rechtsstaatlichkeit der Bundesrepublik Deutschland nicht deshalb in Frage, weil es auch in ihr manches Ungute und Unrechte gibt: einen Staat, in dem die Gerechtigkeit *vollständig* verwirklicht ist, kann es unter Menschen nicht geben) – in einem Rechtsstaat ist die Anwendung von Gewalt nur in den rechtlich vorgesehenen Fällen erlaubt. Für Zivilpersonen sind das vor allem die Fälle der Notwehr, der vorläufigen Festnahme, des Widerstands gegen unrechtmäßige Staatsgewalt. Gegen *rechtmäßige* Akte von Staatsorganen ist Gewalt niemals erlaubt, auch nicht im Rahmen dessen, was man heute etwas schillernd »zivilen Ungehorsam« nennt. Ich habe diesen Standpunkt immer vertreten (1984a, S. 253f.; 1984b, S. 203ff.), und dies gerade deshalb, weil ich den Unrechtsstaat erlebt und daher erfahren habe, daß Widerstand damals etwas ganz anderes war als es Protestaktionen, wenn auch wohlbegründete Protestaktionen, heute sind.

Man muß gewaltfreie Methoden der Konfliktlösung suchen, besonders im zwischenstaatlichen Bereich. Der in vielen völkerrechtlichen Verträgen vereinbarte Gewaltverzicht sollte von den Staaten wirklich praktiziert werden, und zwar nicht nur dort, wo er Vorteile bringt. Ob das so weit gehen kann, daß die Staaten dereinst auf eine ständige Bewaffnung überhaupt verzichten können und nur eine Polizeitruppe zur Aufrechterhaltung der Ordnung im Innern beizubehalten brauchen, werden wir im IX. Kapitel erörtern. Im nächsten Kapitel aber wenden wir uns der Frage zu, welche Wege zu einem gerechten Frieden sich auf der Grundlage der heute gegebenen Umstände eröffnen.

VIII. Die Lehre vom »gerechten Frieden«

Der jüdische Schriftsteller Manès Sperber schreibt in seinen Lebenserinnerungen »All das Vergangene« aus der Sicht des Jahres 1943: »Den Krieg werden wir [das sind die Gegner Hitler-Deutschlands] gewinnen, aber schon sind wir im Begriff, den Frieden zu verlieren.« Gilt das auch für uns? Sind wir dabei, den Frieden zu verlieren, bevor wir ihn überhaupt gewonnen haben? Wenn man sich manche Reden von Politikern anhört, muß man das befürchten. Henry Kissinger hat einmal (einem Pressebericht zufolge) gesagt: »Wenn die Erhaltung des Friedens einziges Ziel der Außenpolitik ist, wird Erpressung die Diplomatie beherrschen. Glühende Friedensresolutionen sind keine Außenpolitik.« Nun bin auch ich der Meinung, daß die unablässige Beschwörung eines Weltfriedens wenig nützt, oft genug auch nur dazu dienen soll, um »Spuren zu verwischen« (Alexander Mitscherlich, S. 108). Kissinger hat sicher auch recht, daß ein verantwortungsbewußter und realistischer Politiker Vorsorge treffen muß, daß der Staat nicht erpreßbar wird. So mag es in der Tat richtig sein, daß der Standpunkt: Frieden um jeden Preis keine mögliche Politik ist. Aber eine Politik, die von vornherein die Möglichkeit eines Kriegs in Rechnung stellt, ist gefährlich, lebensgefährlich. Der Staatsmann, der ständig den Krieg in sein Kalkül einbezieht, wird ihn eines Tages tatsächlich herbeizitiert haben. Es ist wie mit der Ehe. Die Forderung der absoluten Unauflöslichkeit der Ehe ist wahrscheinlich zu idealistisch, als daß sie von allen Menschen befolgt werden könnte. Wer aber von Anbeginn an das mögliche Scheitern der Ehe einkalkuliert, wird aus innerer Logik heraus bei einer Scheidung enden, weil er gar nicht die Entschlossenheit hat, Ehekrisen zu meistern. So ist es auch mit dem Frieden. Man muß ihn unbedingt wollen, nicht bloß auflösend bedingt, wenngleich es wahr ist, daß hienieden der »ewige Friede« (Kant) nicht zu haben ist.

Es genügt in unserer heutigen Situation nicht, die Moral zu beschwören und an die Friedfertigkeit und Nächstenliebe der Menschen zu appellieren, so wichtig das auch ist. Es ist unbestreitbar – oben wurde schon darauf hingewiesen –, daß beim Menschen die Entwicklung der moralischen Instanz, des Gewissens, mit der Entwicklung seiner technischen Intelligenz nicht Schritt gehalten hat. Die Entwicklung moderner Waffen und die durch diese erreichte Perfektion des Tötens können durch die dem Menschen angeborene Tötungshemmung nicht mehr kompensiert werden. Hier ist etwas aus dem Gleichgewicht geraten. Aber wenn man darauf warten wollte, bis dieses Gleichgewicht wiederhergestellt ist, und das heißt, bis der Mensch sich moralisch höherentwickelt hat, könnte es längst zu spät sein. Wer auf die »Lernfähigkeit des Menschen« setzt, auf die Erschließung seiner »verschütteten und unentdeckten Intelligenz- und Liebesreserven« (Alt 1983, S. 114), wird sich entgegenhalten lassen müssen, daß er »an der gegenwärtigen Realität vorbeidenkt« (Jaspers 1957, S. 21). Bücher wie die von Franz Alt sind gewiß nützlich, aber sie ersetzen rationale und realistische Konzepte nicht.

Es gibt einen ziemlich unfruchtbaren Streit darüber, welches der »höchste Wert« sei: die *Freiheit oder* der *Frieden* – »Frieden in Freiheit« oder »Freiheit in Frieden«. Die erste Position ist vornehmlich die der Unionsparteien und auch der Liberalen. Schmidhäuser (S. 35) zitiert einen Satz des gegenwärtigen Bundeskanzlers Helmut Kohl: »Die CDU hat immer dafür eingestanden, daß die Freiheit der westlichen Welt *vor* Frieden ... gehen muß« – und auch einen Satz des früheren US-Außenministers Haig: »Es gibt wichtigere Dinge als den Frieden.« Da hört man natürlich einen polemischen Unterton heraus, genau wie etwa bei Alting von Geusau (S. 114), der meint, das unbedingte Friedensverlangen der Pazifisten sei »von der KPdSU seit 1917 systematisch mißbraucht worden«; »der Friede, den sie verkünden und propagieren, ist nichts anderes als Sklaverei oder ein falscher Friede ohne Gott«. Auf eine solche Weise soll das Freiheit-vor-Friede-Denken plausibel gemacht werden. Das umgekehrte Modell, das vor allem Sozialisten bevorzugen, ist aber auch nicht besser. Wenn man den Frieden vor die Freiheit setzt, kann es leicht geschehen, daß ein solcher »Frieden« schließlich die Freiheit aufzehrt, und Beispiele dafür gibt es. Indessen, was nützt die Überordnung der Freiheit, wenn sie in dem Holocaust eines Atomkriegs untergeht? Becker (S. 16) meint deshalb, der Frieden sei zwar nicht schon immer das höchste Gut gewesen, aber durch die Entwicklung der modernen Waffentechnik sei er das geworden. Ebeling (S. 96) wiederum hält für richtig, daß aus der Sicht der Philosophie die Freiheit als vorrangig angesehen werden müsse. Und so könnte man immer weiter Meinung und Gegenmeinung einander entgegenstellen. Mir erscheint plausibel, was Schmidhäuser (S. 54 ff.) dazu sagt, daß nämlich diese »spiegelverkehrten« Positionen und Entwürfe nichts weiter als Ideologien sind, und zudem gefährliche Ideologien, weil sie das Mißtrauen und die Ängste der Menschen schüren. Frieden – sofern er diesen Namen verdient – ist nicht ohne Freiheit zu haben (in diesem Sinne hat Klenner [S. 65] recht, daß ein Volk, das andere unterdrückt, so wenig frei ist wie das unterdrückte Volk selbst – aber welche Konsequenzen zieht er aus diesem Satz für den Ostblock, in dem er lebt?). Andererseits ist aber auch Freiheit, zumindest in der heutigen Welt, nicht ohne Frieden zu haben. Man muß also *beides* anstreben, und zwar *zugleich* und *mit derselben Priorität*: Frieden *als* Freiheit und Freiheit *als* Frieden. Deshalb ist auch das Gerede von »lieber rot als tot« oder »lieber tot als rot« nichts weiter als dumm. Das sind keine möglichen Alternativen.

Ein Friede, der die menschlichen Werte, zumal die Freiheit, gewährleistet, muß ein gerechter Friede sein. Setzen wir also der Lehre vom »gerechten Krieg« eine Lehre vom »gerechten Frieden« entgegen! Wir versuchen das nach Maßgabe der im II. Kapitel vorgestellten Gerechtigkeitsprinzipien.

Welche hervorragende Bedeutung das *Gleichheitsprinzip* für die Herstellung eines gerechten Friedens hat, dürfte im Laufe unserer Erörterungen deutlich geworden sein. Allerdings ist ein »Gleichgewicht des Schreckens« dem Frieden nicht dienlich, es gefährdet ihn. Am besten für den Frieden wird ein Gleichgewicht sein, das in der allseitigen Abschaffung der Kernwaffen und einem Gleichstand der konventionellen Waffen auf möglichst niedrigem Niveau besteht. Wenn hinsichtlich der nuklearen Waffen die Null-Lösung erreicht ist, besteht auch keine Gefahr mehr, daß eine zu starke konventionelle Abrüstung die Nuklearschwelle senkt. Man muß also – um eines wirklichen Gleichgewichts willen! – vorrangig und mit aller Entschlossenheit die beiderseitige, stufenweise und schließlich vollständige Vernichtung des vorhandenen Potentials an Kernwaffen anstreben – natürlich auch der britischen, französischen und chinesischen, wenn diese auch, wie versichert wird, derzeit nur eine unbedeutende Rolle spielen (Stegmüller, S. 6f.; etwas anders Frye, S. 84, und Kraemer, S. 43). Der allererste Schritt muß, um das noch einmal zu unterstreichen, sein, daß ab sofort keine neuen Kernwaffen mehr hergestellt werden.

Leider muß man an dem guten Willen selbst zu diesem Schritt zweifeln, denn während ich diese Zeilen schreibe, nimmt das amerikanische Programm für ein Raketenabwehrsystem im Weltraum (SDI) immer konkretere Formen an. Die Bundesregierung ist schon halb entschlossen, sich daran zu beteiligen, und bei Erscheinen dieses Buches wird eine entsprechende Entscheidung sehr wahrscheinlich längst gefallen sein. Das System soll der Verteidigung dienen. Ich will diese Absicht unterstellen. Und ich will weiter unterstellen, daß derzeit alle Verantwortlichen gewillt sind, das SDI-Projekt an dem 1972 geschlossenen Vertrag zur Begrenzung der Raketenabwehr (ABM) auszurichten. Aber wer garantiert das für alle Zukunft? Und wer gewährleistet, daß SDI niemals zu einem Angriff mißbraucht werden wird, zu einem Präventivschlag? Denn daß die andere Seite über kurz oder lang ebenfalls den Weltraum strategisch nutzen wird, wird man bestimmt nicht bezweifeln können. Immer mehr Waffen, und wenn auch zu Verteidigungszwecken, festigen den Frieden nicht. Schlimm ist, daß in der Bundesrepublik Deutschland eine sachliche Diskussion über das SDI-Projekt, von dem man noch gar nicht weiß, ob es überhaupt funktionieren kann, durch haltlose Verdächtigungen von vornherein abgeblockt werden soll. Wer gegen dieses Projekt Bedenken äußert, ist dem »Antiamerikanismus« verfallen und als »Moskau-Freund« entlarvt, wenn er nicht, wie ein Top-Politiker sagte, schlicht »unmoralisch« ist. Daß mehrere Staaten des westlichen Bündnisses, darunter Frankreich, Australien und Kanada, zu einer Beteiligung an SDI nein gesagt haben, wird dabei geflissentlich ignoriert. Auch daß nach einer Infas-Umfrage die Mehrheit der bundesdeutschen Bevölkerung gegen eine Bewaffnung des Weltraums ist, macht keinen Eindruck. Und schon gar nicht hört man auf die Stimme der tausend und abertausend Wissenschaftler, die vor SDI warnen. Man fragt sich, wer – außer den Politikern – SDI eigentlich will. Die Wirtschaft? Dieser Tage las ich in der Zeitung: »1000 Siemens-Beschäftigte gegen SDI-Projekt«. Ob »Eureka« besser wäre? Zweifellos am besten wäre allergrößte Vorsicht. Was die USA von uns erwarten, darf nicht der ausschlaggebende Gesichtspunkt sein. Vor allem kann man sich auch nicht darauf herausreden, daß man sich ja nur an der Forschung beteiligen wolle. Das Bundesverfassungsgericht hat schon vor geraumer Zeit sehr deutlich ausgesprochen, daß bereits die Grundlagenforschung und nicht erst die technologische Anwendung den Schranken unterliegt, die sich aus den verfassungsrechtlich geschützten Werten wie Leib und Leben, Selbstbestimmung, Menschenwürde u.a. ergeben. Was uns nottut, ist eine Ethik der Forschung. Leider hat es den Anschein, daß es dort, wo es darauf ankommt, an einer solchen Ethik weitgehend gebricht.

Aber wir wollen, wie schon gesagt, als *unsere* strategische Waffe den Optimismus einsetzen. Wir dürfen die Sache des Friedens nicht verloren geben. Man muß zusehen, daß die Welt, die Gesellschaft, die Menschen untereinander besser ins Gleichgewicht kommen, daß jedem »das Seine« zuteil wird. Freud hat, wie der Leser sich erinnern wird, als ein Mittel zur Abschaffung des Kriegs die Beseitigung der angeborenen Ungleichheit der Menschen gefordert. Aber das Thema vom »Herrn« und vom »Knecht« ist kein spezifisch Freudsches Thema, es ist ein ganz altes Thema der Philosophie – aus der Neuzeit seien nur Hegel und Marx genannt. Die Auffassungen darüber, auf welche Weise das Gleichheitsprinzip zu verwirklichen ist, sind sehr geteilt; Liberale denken darüber anders als Sozialisten. Die völlige Gleichmacherei – die »klassenlose Gesellschaft« – ist aber jedenfalls kein anzustrebendes Ziel, ganz abgesehen davon, daß es gar nicht erreichbar ist. Die Menschen wären nicht glücklich dabei. Ziel muß sein, daß alle Menschen die gleichen Chancen haben, ihre jeweiligen Ungleichheiten zur größtmöglichen Entfaltung zu bringen. Auf diese Weise schafft man ein Klima, das dem Selbstwertgefühl der Menschen günstig ist und das daher der Entstehung von Aggressionen und Streit entgegenwirkt. Nicht anders ist das im Verhältnis der Völker. Völker, die im wirtschaftlichen oder kulturellen Verkehr benachteiligt werden, entwickeln verständlicherweise Minderwertigkeitsgefühle, Haß und Aggressionen, und diese werden in irgendeiner, jedenfalls nicht friedlichen Weise Befreiung suchen. Wer Frieden sucht, darf nicht andere Völker herabsetzen. Die sogenannten Friedensverträge waren zumeist deshalb die Ursache für einen neuen Krieg, weil darin der besiegte Gegner gedemütigt wurde. In einer Welt dagegen, in der die Völker Partner mit möglichst gleichen Chancen und gleichem Ansehen sind, hat auch der Frieden eine Chance. Wenn einmal mit der Entwicklungshilfe erreicht wird, daß die armen Länder zu entwickelten Ländern werden, dann haben nicht zuletzt wir uns selber geholfen. Entwicklungshilfe ist in hohem Maße Friedenshilfe.

Gleichgewicht! Der Mensch hat das Gleichgewicht zwischen seinen Tötungsmöglichkeiten und seiner angeborenen Tötungshemmung verloren. Wie kein anderes Lebewesen ist er aller feindlichen Mächte der extraspezifischen Umwelt Herr geworden. Er hat die Tiere, die ihm gefährlich werden konnten, ausgerottet. Nun ist er sein eigener Feind geworden. Der Mensch hat die Welt biologisch, ökologisch und moralisch aus dem Gleichgewicht gebracht und ist nun nicht mehr imstande, den ererbten Aggressionstrieb mittels seiner Vernunft zu kontrollieren. Die Kennzeichen der Zivilisation: Arbeitstempo, Leistungsdruck, das Machenmüssen alles Machbaren haben ihm die Zeit und weitgehend auch den Sinn für kulturelle Interessen genommen und ihm den nötigen Respekt abhanden kommen lassen vor dem, was der Mensch nicht zu machen vermag: vor dem Leben.

Das »Seine«, das jedem zusteht, auch dem Ungeborenen, ist zuallererst das Leben. Welche Rangordnung der Werte man auch immer errichten mag, das Leben ist der Mutterwert, wird er zerstört, fallen auch alle anderen Werte dahin. Niemand ist es benommen, an ein »höheres«, »jenseitiges« Leben zu glauben und sich hieran zu orientieren. Für die Errichtung unserer irdischen Rechts- und Friedensordnung kann aber nur das irdische Leben der Grundwert sein, er ist gleichsam der Trägerwert, von dem alle anderen Werte existenziell abhängen. So liegt auch unserer Rechtsordnung das Prinzip des »absoluten Lebensschutzes« zugrunde. In neuerer Zeit wird dieses Prinzip aber durch immer mehr Ausnahmen durchlöchert und relativiert: Schwangerschaftsabbruch, Abbruch von Intensivbehandlungen, Wegwerfen von im Reagenzglas erzeugtem Leben ... Ich habe oben schon gesagt, daß es, etwa beim Schwangerschaftsabbruch, Ausnahmen geben muß, in denen menschliches Leben nicht bewahrt werden kann. Das Alarmierende ist jedoch, daß man das heute weithin schon nicht mehr als Ausnahmen erachtet. Diesem Denken muß mit aller Entschiedenheit entgegengetreten werden. Der Schutz menschlichen Lebens darf nicht relativiert und auch nicht geteilt werden. Es ist unglaubhaft, wenn Politiker und Kirchenmänner sich für das Leben der Ungeborenen stark machen, aber für den Fall eines Krieges Millionen Menschen zu opfern bereit sind. Es ist aber genauso unglaubhaft, wenn viele Menschen sich zwar gegen die Gefährdung des Lebens durch immer mehr Waffen einsetzen, zugleich aber eine völlige Freigabe der Abtreibung propagieren. Soll sich niemand von den beiden Sätzen jeweils nur den aneignen, der in sein Konzept paßt! *Beide* Standpunkte sind zu verwerfen, denn beide Standpunkte sind, da sie nicht unbedingt für das Leben sind, auch nicht unbedingt für den Frieden. Es ist kein gerechter Frieden, in dem nicht jeder, geboren oder ungeboren, ein Recht auf Leben hat.

In einem gerechten Frieden muß das Leben Vorrang haben. Wir sollten deshalb auch mit der Vergötzung von Kriegshelden endlich einmal Schluß machen. Johannes Gutenberg, der die Buchdruckerkunst erfunden hat, hat für die Menschheit unendlich viel mehr getan als jeder noch so erfolgreiche Feldherr. Und Friedrich II. von Preußen sollte als der »Große« nicht seiner Schlachten, sondern seiner kulturellen Leistungen wegen anerkannt werden. Geschlagene Schlachten trennen die Völker, die Kultur kann sie einen. Wir dürfen uns nicht mehr nationale Eigensüchteleien erlauben, wir dürfen uns nicht mehr in geschlossenen Systemen abkapseln. Die Menschheit hat nur dann eine Chance zum Überleben und zum Frieden, wenn sie sich nach allen Seiten öffnet.

Die *Goldene Regel*. Wie im VI. Kapitel dargelegt wurde, sieht Einstein den Grund dafür, daß sich die Massen zum Krieg und zum gegenseitigen Töten aufwiegeln lassen, in dem Bedürfnis des Menschen, zu hassen und zu vernichten. Es ist sicher kein Zweifel, der Krieg ist eine einzige Mißachtung der Goldenen Regel: Dem »Feind« wird angetan, was man selbst nicht zugefügt bekommen möchte. Dazu muß er der »Feind« sein. Wenn er das nicht ist, gibt es eigentlich keinen Grund, ihn zu vernichten. Und doch ist es nicht allenthalben so. Wer im Krieg war, weiß, daß sehr viele Soldaten ohne persönliche Haßgefühle kämpfen, zumal sie ihren »Feind« ja gar nicht kennen. Sie tun das, weil sie müssen, weil sie vor den Folgen des Ungehorsams mehr Angst haben als vor dem Gegner. Es sind dies Soldaten, die nicht töten und schon gar nicht selber den »Heldentod« sterben wollen, sie hassen nicht auf den Tod, sondern bejahen das Leben. In allen Armeen der Welt gibt es sie zu vielen, vielen Tausenden. Aber freilich, solche Soldaten sind den Kriegsführern ein Greuel. Der Soldat soll hassen und töten. Gegen Ende des Krieges hat man bei jeder Einheit einen sogenannten »Nationalsozialistischen Führungsoffizier« bestimmt, der nur die Aufgabe hatte, Haß und fanatischen Tötungswillen zu schüren (daß diese »NSFO« nicht alle so gehandelt haben, steht auf einem anderen Blatt).

Die Meinung Einsteins erscheint mir also nicht ganz zutreffend. Der Mensch ist zwar nicht ganz gut, aber er ist auch nicht ganz böse. Die Menschen in ihrer Mehrzahl, auch die Soldaten, wollen nicht unbedingt hassen und töten. Und daher gibt es Hoffnung, daß die destruktiven Kräfte durch die erhaltenden kompensiert werden können – sofern die letzteren aktiviert und kultiviert werden. Wenn die politische Führung Feindbilder indoktriniert, wenn den Menschen immerzu eingehämmert wird: *der* Russe, *der* Amerikaner, *der* Deutsche ... ist böse, ist hassenswert, dann wird damit jedenfalls das eine erreicht, daß die Masse der so Indoktrinierten selber böse und haßerfüllt wird – und schließlich kann auch nur dies der Zweck solcher Agitation sein.

Man muß also gegensteuern. »Entfeindung« hat Ulrich Schmidhäuser als Parole ausgegeben. Ich finde das Wort nicht schön, aber treffend. Man kann auch, ganz im Sinne Schmidhäusers, »Entideologisierung« sagen. Man sollte den Leuten bei uns erklären, daß die Russen keine »bösen Marxisten« und keine »bösen Bolschewisten« sind – oder vielleicht noch einfacher: Man sollte aufhören, die Worte »Marxismus« und »Bolschewismus« so zu gebrauchen, als seien das Sammelbegriffe für das Böse und Verabscheuungswürdige schlechthin. Es sind sicher keine zehn Prozent der Bevölkerung, die einigermaßen zutreffend angeben könnten, was »Marxismus« und »Bolschewismus« überhaupt bedeuten. Die Leute sollen es natürlich auch nicht wissen, denn wenn man das weiß, kann man zwar auch (wie z. B. ich selber) ein überzeugter Antimarxist und Antibolschewist sein (streng genommen kann man es sogar nur dann sein, denn wenn man es nicht weiß, ist man nicht rational überzeugt, sondern nur von der Propaganda überredet), aber man kann die Menschen, die diesen Lehren folgen, nicht als böse, als hassenswert, als Feinde ansehen. Selbstverständlich gilt nichts anderes auch für die Feindbilder, die im Ostblock über uns fabriziert werden. Wenn ich darauf nicht mit gleicher Ausführlichkeit eingehe, so einfach deshalb, weil ich im Westen lebe und daher vor unserer eigenen Tür kehren muß (wobei ich keinen Augenblick verkenne, daß unser System nicht zuletzt deshalb das überlegene und verteidigungswürdige ist, weil ich hier vor unserer eigenen Tür kehren darf – lebte ich in der DDR, dürfte ich den Mächtigen dort nicht den Spiegel vorhalten).

Sehen wir also zu, daß wir im eigenen Haus Ordnung schaffen. Das Ideal der Bergpredigt, die völlige Gewaltlosigkeit, wird für absehbare Zeit nicht zu verwirklichen sein. Wir sollten uns aber darauf besinnen, daß Macht nicht nur durch Waffengewalt ausgeübt wird. Ein sehr wirksames Mittel, sich anderer zu bemächtigen, ist die *Sprache*. Das kann in redlicher Absicht erfolgen, z. B. um den anderen zu überzeugen. Es kann aber auch geschehen, um Gedanken zu verschleiern, statt sie mitzuteilen, um nur im voraus berechnete Suggestion zu vermitteln, um durch Sprachregelung oder Nachrichtenunterdrückung die Meinung zu manipulieren – und wo das geschieht, wird die Sprache zu einem gemeinen Zuhälter der Macht. Es ist deshalb zu begrüßen, daß sich (einem Pressebericht zufolge) Bundeskanzler Kohl gegen die Verwilderung der politischen Sprache geäußert hat; als Beispiele absichtsvoll gewählter Mehrdeutigkeit nannte er die Begriffe »Friedenskampf«, »gewaltfreier Widerstand« und »ziviler Ungehorsam«. Gut, das soll gelten, diese Wendungen sind in der Tat unscharf, und sie sollen es vielleicht auch sein. Dann aber müssen auch Begriffe wie »Nachrüstung«, »Gleichgewicht«, »Verteidigung«, »Krieg«, so wie sie derzeit von den Politikern gebraucht werden, aus dem Vokabular verschwinden. Nicht nur mit den Begriffen »Nachrüstung« und »Gleichgewicht« soll etwas suggeriert werden, was nicht ist, auch die Worte »Verteidigung« und »Krieg« haben heute eine ganz andere Bedeutung, als mit ihrer Verwendung vorgegeben wird: ein Verteidigungskrieg stelle die gestörte Ordnung wieder her, es würden zwar Menschen getötet und Werte vernichtet, aber hinterher gehe das Leben weiter, es sei nichts wirklich verloren. So waren bisher alle Kriege, mehr oder weniger. Aber so würde ein Dritter Weltkrieg nicht sein. Und doch soll den Menschen mit dem Gebrauch des Wortes »Krieg« glauben gemacht werden, auch dann werde sich wieder ein Phönix aus der Asche erheben, und es werde weitergehen wie seit jeher. Macht über die Seelen durch Mißbrauch der Sprache!

Wenn es dahin kommt, daß die Menschen wie die Völker immer mehr die Machtstrukturen abbauen, daß keines das andere beherrschen will, dann werden auch die Ängste der Menschen und der Völker voreinander geringer werden, die, wie wir gesehen haben, eine so große Rolle beim Aufbau von Feindbildern und damit bei der Erzeugung eines dem Krieg günstigen Klimas spielen. Ohne Machtausübung wird es zwar nie möglich sein, Frieden und Ordnung unter den Menschen zu schaffen. Doch wenn man es mit der Freiheit ernst meint, muß man dafür sorgen, daß sich nicht zuviel Macht in den Händen zu weniger zusammenballt. Das ist nicht nur ein Problem der Diktatur. Lorenz (1983, S. 22f.) weist darauf hin, daß die Zahl der ausschlaggebenden Lobbyisten in den USA auch nicht größer ist als die Kopfzahl der Nomenklatura in der UdSSR: zwei bis vier Prozent der Untertanen. Und er zitiert ein Wort von Aldous Huxley, daß die Freiheit des Einzelmenschen im umgekehrten Verhältnis zur Größe des Staates stehe, dessen Untertan er ist. Das trifft sicherlich nicht in jedem Einzelfall zu. Aber ich bin mir sicher, daß es schöner ist, in der Schweiz zu leben als in der Sowjetunion oder in den USA. Wir sollten nicht allzu unglücklich sein, daß die Bundesrepublik Deutschland ein relativ kleines Land ist, und wir sollten vor allem nicht den Ehrgeiz haben, militärisch groß zu sein. Am Beispiel Österreichs und der Schweiz, die ja auch in Mitteleuropa liegen, können wir auch erfahren, daß die Freiheit der Menschen, zumal die Freiheit von Angst, größer ist, wenn man keine Atomwaffen im Land hat – wer wollte dies auch allen Ernstes bezweifeln!

Der *Kategorische Imperativ* besagt, daß man nicht nach Maximen handeln soll, die man nicht auch für die anderen Menschen als gültig zu akzeptieren bereit ist. Im II. Kapitel versuchte ich zu zeigen, wie die Supermächte ihr Wettrüsten mit dem Argument des Kategorischen Imperativs zu rechtfertigen versuchen: Jede Macht will immer nur einen tatsächlichen oder angeblichen Vorteil der anderen wettmachen. Der Verdacht, daß man in Wirklichkeit nur einen eigenen Vorteil erlangen, also den Kategorischen Imperativ verleugnen will, ist ganz sicher nicht von der Hand zu weisen. Man würde diesem Imperativ: gleiches Recht für alle (es ist ja ersichtlich, daß der Kategorische Imperativ und das Gleichheitsprinzip ineinander greifen) am ehesten gerecht, wenn man – es sei wiederholt – nuklear die Null-Lösung und konventionell ein Gleich-maß auf möglichst niedrigem Niveau anstrebte. Ich manipu-liere hier nicht die Gerechtigkeitsprinzipien, sondern zeige nur, daß sie alle, unter verschiedenen Aspekten, auf das Ziel eines gerechten Friedens bezogen sind.

Aus dem Kategorischen Imperativ folgt auch der alte »natur-rechtliche« Satz: Pacta sunt servanda – Vereinbarungen müs-sen eingehalten werden. Es gibt viele völkerrechtliche Verträge und Statuten, die den Krieg eingrenzen und den Frieden siche-rer machen sollen. Das Schlimme ist nur, daß sich die mächti-gen Staaten nicht daran halten, wenn es nicht in ihre Politik paßt. Und sie beugen sich dem Urteil internationaler Gerichts-höfe nicht, wenn sie von ihnen nicht Recht bekommen. Daß Völkerbund und Vereinte Nationen gegenüber den Großmäch-ten hilflos waren bzw. sind, ist bekannt. Es gibt viele Pläne zu einem Weltfrieden, der dadurch gesichert werden müßte, daß jeder Staat gezwungen wird, sich an die völkerrechtlichen Ver-träge auch dann zu halten, wenn es ihm nicht nützt, so wie er ja auch will, daß andere Staaten sie befolgen, wenn es ihm zum Vorteil gereicht. Wir wollen dieser Frage hier aber nicht weiter nachgehen; im nächsten Kapitel soll davon eingehender ge-sprochen werden.

Wie John Rawls in seinem Buch »Eine Theorie der Gerech-tigkeit« gezeigt hat, kommt dem *Prinzip Fairneß* für die Ver-wirklichung einer gerechten und friedlichen Ordnung unter den Menschen eine Schlüsselfunktion zu. Daß man dieses Prin-zip in der Rechtsphilosophie bisher meist nicht gesondert ange-führt hat, liegt daran, daß man es in anderen Prinzipien – Gleichheitssatz, Goldene Regel, Kategorischer Imperativ – stillschweigend mitgedacht hat. Es ist aber sinnvoll, das Fair-neßprinzip eigens herauszuheben, denn gerade dieses Prinzip hat eine hervorragende friedenstiftende Funktion. Im Sport ist es die zentrale Regel, die auch dann eingehalten werden muß, wenn starke Aggressionen aufkommen – gerade der fair betrie-bene Sport ist ein vorzügliches Mittel, solche Aggressionen um-zuorientieren und damit unschädlich zu machen. Konrad Lo-renz ist in seinen zwei Büchern »Das sogenannte Böse« und »Der Abbau des Menschlichen« nicht müde geworden, immer wieder auf die Wichtigkeit der Neu- und Umorientierung von menschlichen Aggressionen zum Zwecke ihrer Sublimierung aufmerksam zu machen. Wenn die Aggression ein ganz entscheidender Faktor (wenn auch sicher nicht der einzige) für die Entstehung von Streit, von Vernichtungs- und Tötungstrieb, von Krieg ist, dann muß der Frage, wie sie entschärft werden kann, im Rahmen der Friedensdiskussion ein zentraler Stellenwert eingeräumt werden.

Wir wissen aus dem VI. Kapitel, daß man Aggressionen nicht abschaffen kann – man könnte es allenfalls um den Preis der Menschlichkeit, der menschlichen Würde. Aggressionen gehören zum Menschen. Aber wie kann man die menschlichen Aggressionen in einer Weise kanalisieren, daß sie ihre nützlichen Funktionen behalten, aber nicht zu tödlichem Streit und Krieg führen? Darauf läßt sich zunächst negativ antworten: Man kann die Aggressionen »erstens ganz sicher nicht dadurch ausschalten, daß man auslösende Reizsituationen vom Menschen fernhält, und man kann sie zweitens nicht dadurch meistern, daß man ein moralisch motiviertes Verbot über sie verhängt«; unratsam »ist auch der Versuch, den Aggressionstrieb durch gezielte Eugenik wegzuzüchten« (Lorenz 1980, S. 247). Und positiv? Was kann man tun? In der modernen Psychologie spricht man davon, daß eine Aggression durch eine *neuorientierte* oder *umorientierte Bewegung* (redirected activity) abreagiert und dadurch unschädlich gemacht werden muß. Was das heißt, läßt sich nur beispielhaft aufzeigen. Wenn der wütende Ehemann das Geschirr zertrümmert, statt seine Frau zu verprügeln, dann ist zwar ein Schaden entstanden, aber etwas viel Schlimmeres ist verhütet worden. Der Mann hat sich an einem Ersatzobjekt abreagiert. Das ist das Beste, was geschehen konnte. Hätte man den Mann durch Psychopharmaka lammfromm gemacht, dann hätte man ihn auch seiner Kreativität, seiner Schaffenskraft, eben seiner Individualität beraubt. Das Abreagieren an Ersatzobjekten hat eine reinigende Wirkung, es führt zu einer Katharsis. Besser die Faust auf den Tisch als dem andern ins Gesicht.

Eine wichtige Funktion bei der Kontrolle der Aggressionen haben *Riten*, instinktive Riten wie auch kulturelle Riten. Durch die Ritualisierung menschlichen Verhaltens wird ein Band zwischen den Individuen und den Völkern gebildet, das sich in der ganzen Geschichte der Menschheit als außerordentlich aggressionshemmend erwiesen hat. Beispielhaft dafür sind der Sport und das Fest, die in hohem Maße ritualisiert sind und bei denen Sitte (was etwas anderes ist als Moral) und Fairneß dafür sorgen, daß man sich zwar »austoben« kann (man denke an Tanzveranstaltungen), daß man aber »im Rahmen« bleibt. Zwischen den Völkern können internationale Sportfeste segensreich wirken, indem sie die Möglichkeit schaffen, nationalistische Aggressionen abzureagieren und persönliche Bande zwischen Menschen verschiedener Nationen zu knüpfen. So waren die olympischen Spiele ja einmal gemeint, leider verkommen sie immer mehr zu chauvinistischem Protzentum.

Mir erscheint es als hoffnungsvolles Zeichen, daß viele junge Menschen wieder den Wert von kultischen Handlungen entdeckt haben. Mag uns Älteren das Gebaren der Teilnehmer auf jugendlichen Fêten manchmal befremden, mögen wir dem Geschehen bei transzendentalen Meditationen verständnislos zuschauen, es ist zu vermuten, daß hierbei nicht selten Aggressionen abgeleitet und abgebaut werden. Auf die Rolle des Sports wurde schon hingewiesen; hier können Menschen ihren Leistungsdrang, ihren Ehrgeiz, aber auch ihre Rivalitäten auf eine sehr gesunde Weise sublimieren. Einen oft negativen Nebeneffekt haben allerdings Sportveranstaltungen, bei denen es wenig Akteure und viele Zuschauer gibt, wie zum Beispiel im europäischen und südamerikanischen Fußball; die häufigen Ausschreitungen von Gruppen der »Fans« sind ja bekannt, doch auch hier ist es vielleicht so, daß durch das Zertrümmern von Schaufensterscheiben schlimmere Zerstörungstriebe umorientiert werden (natürlich gibt es Grenzen des Erträglichen – man denke an die Katastrophe im Brüsseler Fußballstadion 1985). Man darf nicht glauben, wir könnten eine Gesellschaft schaffen, in der es überhaupt keine Gewaltakte mehr gibt.

Sehr wichtig, gerade für den internationalen Frieden, ist der Ausbau der *zwischenmenschlichen Beziehungen*. Wie schon oben ausgeführt wurde, hat die Kommunikation in der kleinen Gruppe, der Familie, der Dorfgemeinschaft, früher ausreichend funktioniert, um die Menschen vor ihrer gegenseitigen Vernichtung zu bewahren. In der kleinen Sozietät entspricht es den natürlichen Neigungen, den anderen fair zu behandeln, ihn nicht zu töten, ihn nicht zu bestehlen, ihn nicht zu belügen, ihm nicht den Ehepartner wegzunehmen. Ich glaube, sagt Lorenz (1980, S. 234), jeder von uns würde in einer Fünfzehn-Mann-Sozietät gegen seine Genossen »schon aus natürlicher Neigung die zehn Gebote des Mosaischen Gesetzes halten«. In den großen, unüberschaubaren Sozietäten von heute halten die Menschen und vor allem die Völker diese Grundgebote der Fairneß aber nicht mehr ein. Ritterlich ist man nur zu jemandem, den man kennt. In der Anonymität der modernen Massengesellschaft haben die zehn Gebote ihre gleichsam automatische Wirksamkeit verloren (Lorenz 1983, S. 149).

Wie man da Abhilfe schaffen kann, ist schwer zu sagen. Ein Grund zu gedämpftem Optimismus ist die Tatsache, daß die Menschen der meisten Völker nicht mehr so wie früher in den nationalen Grenzen eingekapselt sind. Viele können sich heute selbst davon überzeugen, daß die Menschen jenseits der eigenen Grenzen wohl andere Bräuche, andere Riten haben und andere Sprachen sprechen, daß sie aber weder böser noch besser, weder minderwertiger noch höherstehender sind als man selber. Auch daß sich die Politiker der verschiedenen Staaten heute viel häufiger treffen als je zuvor in der Geschichte, läßt hoffen. Freilich entsprechen die Konferenzen der Politiker, der Staatsmänner, nicht entfernt dem, was man in der Philosophie einen rationalen Diskurs nennt. Dazu sind die Teilnehmer dieser Konferenzen zu sehr von parteipolitischen oder – auf internationaler Ebene – von nationalen Interessen bestimmt, als daß Gewähr dafür bestünde, daß die Vernunft die Oberhand bekommt.

Daher ist eine Instanz nötig, von der ein Optimum an Rationalität erwartet werden kann. Diese Instanz ist die Wissenschaft. Freilich, sie hat so gut wie keine Macht. Aber hätte sie Macht, würde sie ihre Rationalität einbüßen. Im letzten Kapitel soll dazu noch etwas gesagt werden.

Noch ein Wort zur Fairneß. Fairneß heißt, daß die eine Seite nicht alle Vorteile hat und die andere Seite nicht alle Lasten tragen muß. Fairneß – und Freiheit! – zeigt sich vor allem daran, wie die Minderheiten behandelt werden. Die absolute Demokratie, d. h. die Verabsolutierung des Mehrheitsprinzips, ist, wie alles Verabsolutierte, von Übel. Es ist immer wieder erstaunlich zu sehen, wie eine Partei, die sich als oppositionelle Minderheitspartei bitter über die Behandlung durch die regierende Mehrheitspartei beklagt hat, nun, an die Regierung gekommen, genau dasselbe tut, was sie zuvor verworfen hat. Und wie verschieden verhält sich die (katholische) Kirche, je nachdem, ob sie in einem Land die Mehrheit hat oder ob sie sich in der Diaspora befindet: dort pocht sie auf das Mehrheitsprinzip, hier verlangt sie Minderheitenschutz kraft Naturrechts. Solche unfairen Verhaltensweisen gefährden den inneren und den äußeren Frieden. Man muß sich an die Spielregeln halten, auch wenn man das, weil man in der Mehrheit ist, nicht nötig hätte. Morgen schon kann es sein, daß einem das Einhalten der Spielregeln nottut.

Das *Verantwortungsprinzip* fordert, unser Handeln danach einzurichten, daß davon nicht die Möglichkeit einer Zerstörung, Gefährdung oder Minderung menschlichen Lebens und seiner Umwelt ausgehen kann. Im III. und IV. Kapitel wurde versucht, aus dem Verantwortungsprinzip heraus zu begründen, daß es unzulässig ist, Atomwaffen herzustellen, mit ihnen zu drohen oder sie gar einzusetzen. Die Gefahr, die von solchem Tun für die Menschheit ausgeht, ist zu groß, als daß sie verantwortet werden könnte. Das soll hier nicht noch einmal dargestellt werden.

Doch sei hier noch ein anderer Aspekt der Gefahr, der wir ausgesetzt sind, angesprochen, gleichsam der heilsame Aspekt. »Wo aber Gefahr ist, wächst das Rettende auch«, heißt es bei Hölderlin. Das Rettende liegt darin, daß viele sich der Gefahr und damit der Krise bewußt geworden sind. Dieses Bewußtsein kann Anlaß für eine Umbesinnung sein, darin liegt eine Chance. Ein sehr handgreifliches Beispiel ist die Entstehung eines ökologischen Bewußtseins in unseren Tagen; hier will – fast – niemand mehr abseits stehen. Das Bewußtsein des Bedrohtseins durch Kernwaffen ist demgegenüber bei vielen noch unterentwickelt; die Gefahr ist nicht so augenscheinlich wie beim Waldsterben, zumal ja auch propagiert wird, diese Waffen minderten in Wahrheit die Gefahr. Hier muß man versuchen, eine Einsicht in die wirklichen Zusammenhänge zu vermitteln und dabei nicht die Gefühle, sondern die Vernunft der Menschen anzusprechen. Die meisten Menschen sind durchaus bereit, verantwortlich zu handeln, wenn sie die nötige Einsicht gewonnen haben.

Schließlich noch das *Toleranzprinzip*. Toleranz ist ausgeschlossen, wo ein Standpunkt absolut gesetzt wird. Wer für sich in Anspruch nimmt, daß er allein die Wahrheit hat, daß einzig seine Lebensweise gut ist, der wird aus taktischen Gründen den Irrtum und das Bösesein der anderen vielleicht eine Zeitlang hinnehmen, sein Ziel aber wird sein, die anderen zu bekämpfen und ihnen seine Wahrheit und seinen »way of life« aufzunötigen. Wie Intoleranz unter den Individuen zu Haß und Streit führt, so führt sie unter den Völkern zu Krieg. Wie viele Kriege sind nicht schon aus religiöser, rassistischer, ideologischer Intoleranz entstanden!

Toleranz darf nicht verwechselt werden mit Indifferentismus. Der Indifferente, der Neutralistische, erst recht der Resignierte, der an der Wahrheit verzweifelt, gar annimmt, daß es keine Wahrheit gebe, kann nicht wirklich tolerant sein. Der Indifferente, der sich nicht entscheiden kann, ist unfähig, zu »tragen« und zu »ertragen«, er schwankt zwischen den verschiedenen Meinungen hin und her und ist darum nicht imstande, sich mit anderen auseinanderzusetzen und so zur Wahrheitsfindung beizutragen. Toleranz setzt daher gerade voraus, daß es objektive Wahrheit gibt und daß sie, zumindest teilweise, aufgedeckt werden kann. Toleranz ist aber ausgeschlossen, wo jemand für sich in Anspruch nimmt, im Besitz der ganzen und absoluten Wahrheit zu sein. Denn ein Absolutes läßt ein Anderes nicht zu, eben weil es aus-schließlich ist. Daher lehne ich auch einen »absoluten Relativismus« ab, wie er zum Beispiel bei v. Krockow anklingt (1983, S. 53 ff.).

Wahrheit und Freiheit sind nicht etwas, das man als festen Besitz *hat*, sie sind etwas, das sich in einem ständigen Prozeß *vollzieht*. Optimale Bedingungen für diesen Prozeß sind nur in einer *offenen Gesellschaft* gegeben, in der eine *Pluralität* von Meinungen sich in einem ungehinderten Austausch miteinander befinden. Wo nur *eine* Meinung, die »offizielle«, die »Parteimeinung«, geduldet wird, da gedeihen weder Toleranz noch Freiheit noch Wahrheit. Damit erledigt sich auch der Einwand, der Pazifismus sei in sich widersprüchlich, denn wenn alle Pazifisten wären, gäbe es niemanden, der die pazifistische Gesellschaft verteidigte. Rein tatsächlich greift dieser Einwand schon deshalb nicht, weil die Pazifisten immer nur eine verschwindende Minderheit waren und es wohl auch bleiben werden. Aber grundsätzlich: Wir wollen ja gerade keine Gesellschaft, in der alle blau oder gelb oder violett sind, wir wollen eine pluralistische Gesellschaft, in der für alle rechtstreuen Richtungen Platz ist, also nicht nur für Nicht-Pazifisten, sondern eben auch für Pazifisten.

Toleranz heißt nicht bloß widerwillige Duldung der anderen Meinung, sondern Anerkennung als gleichermaßen berechtigt. Alexander Mitscherlich (1964, S. 153) hat einmal gesagt, von Toleranz könne gar nicht gesprochen werden »ohne die Einsicht, daß es zu meiner eigenen Überzeugung auch gültige, gleichwertige Alternativen gibt«. Die Betonung liegt auf »gültige, gleichwertige«. Auch wenn ich eine feste Überzeugung habe, muß ich als toleranter Mensch doch eingestehen, daß die Überzeugungen der anderen, wenn sie von redlichem Wahrheitsstreben getragen sind, gleich gültig sind und mir daher nicht gleichgültig sein dürfen. Freilich lehrt die Erfahrung, daß sich nicht jeder dazu verstehen kann oder will, seine Überzeugungen so rational zu reflektieren, denn das verlangt geistige Askese. An sich ist man ja geneigt, seine Überzeugungen absolut zu setzen und sie den anderen aufzudrängen. Darum sagt Mitscherlich (an gleicher Stelle) auch, daß Toleranz »in einem von Natur aggressiven Wesen ein Anzeichen hoher Selbstüberwindung« ist. Toleranz ist also nicht etwas, was einem in den Schoß fällt, sie ist vor allem nicht eine Regung des Gemüts, sie muß aktiv geleistet werden als eine Tat der Vernunft. *Vernunft*, nicht Duldsamkeit ist die eigentliche Triebfeder der Toleranz – es war ja auch erst das Zeitalter der Aufklärung, das der Toleranzidee zum Durchbruch verholfen hat.

Im II. Kapitel ist schon darauf aufmerksam gemacht worden, daß in unserer heutigen komplexen Gesellschaft die Toleranz einen neuen Stellenwert bekommen hat. Die Gesellschaften, die durch dogmatische Intoleranz gekennzeichnet sind – wie zum Beispiel das christliche Mittelalter (in ihm war festgelegt, daß die christliche Religion die einzig wahre ist) –, sind geschlossene Gesellschaften mit relativ einfachen, statischen Strukturen. Unsere moderne Gesellschaft ist gekennzeichnet durch *hochgradige soziale Komplexität*. In dieser komplexen Welt muß der Mensch, um handeln zu können, sich Meinungen über bestimmte Sachverhalte bilden, ohne sich vor seinem Tätigwerden von der Richtigkeit dieser Meinungen überzeugen zu können. Denn die komplexe Gesellschaft ist offen, es gibt darin wohl Richtpunkte, aber kein geschlossenes Normensystem, an dem man ablesen könnte, wie man sich zu verhalten hat. Wer sich zufolge dieser Komplexität und Offenheit der Verhältnisse keine Meinung bilden kann, vermag daher auch nicht auszugreifen auf die Welt, sein Handeln ist auf den Umkreis seines engen persönlichen Bereichs beschränkt. Wer situationsangemessen handeln will, der kommt, wie Niklas Luhmann (S. 21) gezeigt hat, an dem »Problem der riskanten Vorleistung« nicht vorbei. In hochkomplexen Gesellschaften kann niemand verantwortlich handeln, ohne Gefahr zu laufen, die Handlungssituation falsch eingeschätzt zu haben. Dann aber ist es ein unabweisbares Gebot, daß die Menschen einander mit Toleranz begegnen. Doch eben das ist schwer.

Der bloß Indifferente, Meinungslose, versucht, mit der Komplexität dadurch fertig zu werden, daß er sich in einen »absoluten Relativismus« flüchtet, demzufolge es überhaupt keine Wahrheit und also nur subjektive Meinungen gibt. Mit den Standpunkten der anderen setzt er sich nicht auseinander, sie interessieren und bewegen ihn überhaupt nicht. Er kapselt sich ab.

Den Intoleranten dagegen beunruhigen die Meinungen der anderen. Er kann Komplexität nicht verarbeiten, eben weil er nicht offen ist für die Pluralität in der Gesellschaft. Seine Meinungsbildung ist nicht eine bloß vorläufige Vorleistung, nicht ein Vor-Urteil, sondern ein Vorurteil, das an den Haltungen der anderen zu erproben, zu ergänzen, zu revidieren er nicht bereit ist. Neue Informationen wehrt er ab, soweit er sie nicht in sein verkrustetes System einordnen kann. Er lernt, grundsätzlich, nichts hinzu. Inmitten der großen offenen Welt errichtet er seine kleine geschlossene Welt. Aber er sieht und erfährt, daß er von dem Mannigfaltigen ausgeschlossen ist und daß er über keine Mechanismen verfügt, um mit der komplexen Welt zu Rande zu kommen. Das beunruhigt und verunsichert ihn. Und aus dieser Unsicherheit und Beunruhigung heraus reagiert er aggressiv: Er tut alles, damit der andere seine Position aufgibt, weil er sie nicht ertragen und noch weniger akzeptieren kann. In der modernen komplexen Gesellschaft ist Intoleranz noch in weit höherem Maße als in der einfachen Gesellschaft von ehedem eine hochgradige Gefahrenquelle für den inneren und äußeren Frieden – ist Toleranz eine Bedingung für das gedeihliche Zusammenleben der Menschen.

Nur der Tolerante kann sich adäquat zur Komplexität verhalten. Er ist offen gegenüber offenen Situationen, er rechnet damit, daß andere vielleicht bessere Informationen haben als er, er weiß, daß neue Situationen neue Interpretationen verlangen, aber er ist sich dabei auch bewußt, daß es immer nur Interpretationen von Komplexität sind und daß diese darum niemals abschließend und absolut sein können. Indem er gegenüber der sich wandelnden Welt offen reagiert, sorgt er dafür, daß sie offen bleibt.

Auch hier zeigt sich wieder, daß Toleranz keine leichte Sache ist. Sie setzt ein hohes Maß an geistiger Freiheit und die Fähigkeit voraus, sich eine eigene Meinung zu bilden. Sie erfordert Kommunikationsfähigkeit und damit vor allem die Tugend des Zuhörenkönnens, des Eingehenkönnens auf den anderen und des ihn Ernstnehmenkönnens. Und sie braucht die Kraft, immer wieder neu anzufangen und sich belehren zu lassen durch neue Situationen und neue Informationen.

Es ist sehr die Frage, ob das jeder kann. Man wird vermutlich vielen Menschen nicht zum Vorwurf machen dürfen, daß sie angesichts der Komplexität unserer modernen Welt sich nicht anders zu helfen wissen, als daß sie darauf mit Gleichgültigkeit oder mit Intoleranz reagieren. Schwerlich hat jeder die Kraft, sich unaufhörlich mit den sich wandelnden Situationen und Meinungen auseinanderzusetzen. Aber wenigstens die Leute in den verantwortlichen Stellungen müßten diese Toleranz haben, es dürfte niemand in derartige Stellungen gelangen, der sich nicht als toleranter Mensch bewährt hat. Die Wirklichkeit ist weit von dieser Forderung entfernt. Gewiß, es gibt tolerante Politiker, aber sie sind rasch aufgezählt. In der Politik, zumal in der »großen« Politik, herrscht, wenn es hoch kommt, der Geist der Koexistenz, aber nicht der Geist der Toleranz.

Wenn schon Toleranz so schwer zu verwirklichen ist, um wieviel schwieriger sind Nächstenliebe oder gar Feindesliebe in die Tat umzusetzen. Gewiß, auch die Toleranz ist eine Forderung der Bergpredigt, aber sie ist gewissermaßen nur das Minimum dessen, was sich die Menschen im Umgang miteinander schulden. Man müßte also fordern: Wenn schon nicht Liebe, dann wenigstens Toleranz! Doch auch das ist, wie gezeigt, für viele sicher zu hoch gegriffen. Aber könnte die Friedenssicherung nicht vielleicht dadurch ermöglicht werden, daß man Toleranz gleichsam institutionalisiert und personifiziert – in einem Weltstaat?

IX. Weltstaat und Weltfrieden

Weltstaat und Weltfrieden sind ein Lieblingskind der Aufklärung – kein Wunder, denn sie sind ein Produkt der Vernunft. Der berühmteste Entwurf aus jener Zeit ist Kants Schrift »Zum ewigen Frieden«. Es ist keine Utopie, die er darin entfaltet, keine Friedensschwärmerei. Kant ist auch hier Kritizist, er schildert die Bedingungen der Möglichkeit eines dauerhaften Friedens, er sagt nicht, daß diese Bedingungen gegeben seien.

Ausgangspunkt ist, daß der Naturzustand unter den Menschen nicht der Friedenszustand, sondern der Zustand des Kriegs ist, wenn auch nicht immer der entbrannte, so doch der ständig drohende Krieg. Der Frieden muß also *gestiftet* werden (B 18). Was nach Kant allein den Frieden stiften kann, ist die Vernunft. Er begreift die republikanische Verfassung als die einzige, »welche dem Recht der Menschen vollkommen angemessen, aber auch die schwerste zu stiften ... ist« (B 60). Gemeint ist damit nicht eine bestimmte Staatsform, sondern eine bestimmte Regierungsart, nämlich die gewaltenteilige, bei der es darauf ankommt, die Kräfte »so gegeneinander zu richten, daß eine die anderen in ihrer zerstörenden Wirkung aufhält, oder diese aufhebt: so daß der Erfolg für die Vernunft so ausfällt, als wenn beide gar nicht da wären, und so der Mensch, wenngleich nicht ein moralisch-guter Mensch, dennoch ein guter Bürger zu sein gezwungen wird. Das Problem der Staatserrichtung ist, so hart wie es auch klingt, selbst für ein Volk von Teufeln (wenn sie nur Verstand haben) auflösbar« (B 61 f.) – denn auch die Teufel können sich nicht gegenseitig ausrotten, wenn ihr Reich nicht zerfallen soll.

Die Vernunft also verdammt »den Krieg als Rechtsgang schlechterdings« und macht »den Friedenszustand ... zur unmittelbaren Pflicht«, welcher aber »ohne einen Vertrag der Völker unter sich nicht gestiftet oder gesichert werden kann: so muß es einen Bund von besonderer Art geben, den man den *Friedensbund* ... nennen kann, der vom *Friedensvertrag* ... darin unterschieden sein würde, daß dieser bloß *einen* Krieg, jener aber *alle* Kriege auf immer zu endigen suchte. Dieser Bund geht auf keinen Erwerb irgend einer Macht des Staats, sondern lediglich auf Erhaltung und Sicherung der *Freiheit* eines Staats, für sich selbst und zugleich anderer verbündeten Staaten ...« (B 36). Die Ausführbarkeit dieser Idee sieht Kant nicht in einem unrealistischen Sandkastenspiel, vielmehr muß der Weg zu dem Friedens- oder Völkerbund in der geschichtlichen Wirklichkeit gegangen werden: »Wenn das Glück es so fügt: daß ein mächtiges und aufgeklärtes Volk sich zu einer Republik (die ihrer Natur nach zum ewigen Frieden geneigt sein muß) bilden kann, so gibt diese einen Mittelpunkt der föderativen Vereinigung für andere Staaten ab, um sich an sie anzuschließen, und so den Friedenszustand der Staaten, gemäß der Idee des Völkerrechts, zu sichern, und sich durch mehrere Verbindungen dieser Art nach und nach immer weiter auszubreiten« (B 35 f.). Kant schwebt also nicht ein Weltstaat völlig Ungleicher, sondern eine Föderation Gleicher vor. Was aber sichert einen solchen Bund? Keinerlei Zwangsmaßnahmen, sondern nur das Vertrauen auf »das Surrogat des bürgerlichen Gesellschaftsbundes«, auf den »freien Föderalismus« (B 37). An die Stelle »der positiven Idee einer Weltrepublik« setzt Kant »nur das negative Surrogat eines den Krieg abwehrenden, bestehenden, und sich immer ausbreitenden Bundes«, der den »Strom der rechtscheuenden, feindseligen Neigung aufhalten« muß – »wenn nicht alles verloren werden soll« (B 40).

Leder (S. 192 f.) meint, die Schwäche des Kantschen Entwurfs liege darin, daß er auf die Vernunft baue, auf die Einsicht der Menschen, den Krieg als vernunftwidrig zu erkennen und daher auf ihn zu verzichten. Ich glaube nicht, daß dies der entscheidende Punkt ist. Die Menschen ließen sich schon von der Vernunft leiten, wenn auch die Führung dies täte. Wie aber die Erfahrung mit dem Völkerbund und mit den Vereinten Nationen lehrt, sind die Führer der Völker bisher nie bereit gewesen, ihre Sonderinteressen den Interessen des Ganzen unterzuordnen. Den Einsichtigen ist längst klar, daß eine Konföderation im Sinne Kants den Frieden nur gewährleisten kann, wenn die Einzelstaaten ihr einen Teil ihrer Souveränität abtreten (Einstein in: Freud, S. 273 f., 279; Toynbee, S. 227). Es ist der Nationalstaatsgedanke, der der Errichtung eines »Weltstaats« hinderlich ist (Schweitzer 1954, S. 17).

So erklärt denn auch Gustav Radbruch, der sich aus rechtsphilosophischer Sicht am eingehendsten mit der Einrichtung eines »Weltrechts« befaßt hat (1957, S. 125 ff.; 1965, S. 108 ff.), daß die bisherige Friedensbewegung daran gescheitert sei, daß sie eine internationale Streitentscheidung schaffen wollte, noch ehe es ein übernationales Gemeinschaftsbewußtsein gab (es sei angemerkt, daß die Friedensbewegung, von der Radbruch spricht, ihre Wurzel in der Aufklärung hat, was vielen ihrer heutigen Anhänger nicht mehr bewußt ist). Er erinnert daran, daß es in der Geschichte einmal eine übernationale Organisation gegeben hat: die katholische Kirche des Mittelalters: »Damals war die ganze Christenheit eine körperschaftliche religiöse Einheit und zahlreiche religiöse Sonderorganisationen von internationalem Umfang, vor allem die Mönchsorden, waren quer durch die Nationen gelegt. Unter dem Mantel der Kirche aber suchte die ganze Kultur Schutz und Pflege und hatte dadurch Teil an ihrem übernationalen Charakter. Die christliche Kunst war eine europäische Einheit, an den Wandlungen des Stilempfindens nahmen alle Nationen gleichermaßen Anteil. Eine Weltsprache der Gebildeten, das Latein, ermöglichte eine einheitliche europäische Wissenschaft, ein einheitliches europäisches Schrifttum. Die Universitäten, durch päpstliche Privilegien gestiftet, vereinigten Scholaren aller Nationen vor den Kathedern von Lehrern, die ohne Rücksicht auf Landes- und Sprachgrenze von einer europäischen Universität an die andere übersiedelten. Unter dem Einfluß dieser Universitäten trat ein internationales Recht, das römisch-kanonische, seine Herrschaft über Europa an.« Es gab also einmal so etwas wie einen »Weltstaat« – Europa war damals die »Welt«. Heute ist die Welt in lauter souveräne Einzelstaaten aufgelöst. Selbst der winzige Vatikanstaat ist ein solcher souveräner Staat. Radbruch weist aber darauf hin, daß diese Souveränität in Wahrheit »dem Papste als einem Machthaber in der Welt des Geistes, nicht als dem Oberhaupt des Vatikanischen Zwergstaates« zukommt. Und er fährt fort: »Die Souveränität des Papstes als eines geistigen Machthabers ist ... nicht bloß ein historischer Rückstand, sie sollte vielmehr als Vorbild zukunftsreicher völkerrechtlicher Neubildung angesehen werden. Was der Religion in ihrer römisch-katholischen Gestalt recht ist, das sollte nicht nur allen anderen Gestalten der Religion, etwa der verbundenen Gesamtheit der anderen christlichen Kirchen billig sein, vielmehr auch allen anderen Gebieten der Kultur. Die ›Gelehrten-Republik‹, die ›Weltliteratur‹ etwa sollten nicht nur Ideen oder Phrasen bleiben, sondern Organisationen werden ...« Voraussetzung für die Schaffung solcher übernationaler Institutionen aber ist, daß es Menschen gibt, »die bereit sind ..., aus den Grenzen des Nationalen herauszutreten, und mit allem, was in ihrem Bewußtsein ist, dem Übernationalen zu dienen«. Auch eine übernationale Rechtsordnung – und damit der Weltfriede – ist nur möglich, wenn sie sich in übernational gesinnten Menschen verkörpert. »Weltrichter kann es nur geben, wenn es zuvor Weltbürger gab.«

Über diesem Konzept schwebt gewiß ein Hauch von Zauberflöte, und vielleicht dünkt es manchen zu aufklärerisch-freimaurerisch. Indessen, auch die Konzilsväter erklären in »Gaudium et Pax« (Nr. 82), »daß wir mit all unseren Kräften jene Zeit vorbereiten müssen, in der auf der Basis einer Übereinkunft zwischen allen Nationen jeglicher Krieg absolut geächtet werden kann. Das erfordert freilich, daß eine von allen anerkannte öffentliche Weltautorität eingesetzt wird, die über wirksame Macht verfügt, um für alle Sicherheit, Wahrung der Gerechtigkeit und Achtung der Rechte zu gewährleisten.« Den nämlichen Gedanken äußert Toynbee (S. 248): »Die Institution des Krieges kann nicht beseitigt werden, ohne daß eine neue Institution an ihre Stelle tritt: die Weltregierung.« Und noch eine dritte Autorität: Carl Friedrich v. Weizsäcker (1981, S. 7ff.). Er hält den Weltfrieden für notwendig, ja für »unvermeidlich«, denn er ist die Lebensbedingung des technischen Zeitalters. Wir werden also »in einem Zustand leben, der den

Namen Weltfriede verdient, oder wir werden nicht leben«. Der Zustand, in dem der Weltfriede möglich sein wird, kann nur der Weltstaat sein.

Weitere Stimmen ließen sich hinzufügen. Man muß aber auch solche anführen, die Bedenken gegen die Idee eines Weltstaats haben. Jaspers (1983, S. 147) nennt sie eine »abstrakte Illusion«. Ein solcher Weltstaat bedürfte zur Aufrechterhaltung des Friedens einer zentralen Polizei, und damit »würde unfehlbar irgendwann die Despotie derer entstehen, die diese Gewalt in Händen hätten. Denn jede Macht, die alle Gewalt in einer Hand konzentriert, vernichtet alsbald die Freiheit. Die politische Freiheit kann nur im Gleichgewicht von Gewalten ... gerettet werden.«

Nun ist den Verfechtern der Idee eines Weltstaats, dem die Sicherung des Weltfriedens obliegt, das Problem der zentralen Polizei nicht unbekannt. Ikeda und Toynbee haben ihm ihre ganz besondere Aufmerksamkeit gewidmet (S. 239 ff.). Die Lösung sehen sie, kurz gesagt, darin, daß nicht nur der zentrale Weltstaat, sondern auch jedes einzelne Land eine Polizeitruppe unterhält, daß die Rüstung dieser Polizeitruppen auf das unbedingt Notwendige und möglichst auf nichttödliche Waffen beschränkt wird und daß eine strenge Kontrolle über die Einhaltung der Rüstungsbegrenzung wacht. Die Zentralgewalt müßte also soviel Machtmittel wie nötig und sowenig Machtmittel wie möglich erhalten. Ob sich ein solches Gleichgewicht herstellen und, wenn einmal hergestellt, auf Dauer wahren ließe, kann man allerdings bezweifeln.

Mitscherlich sieht noch ein anderes Problem (1982, S. 108, 130). Er meint, daß wir zwar »bewußt« den Frieden wünschen, daß wir ihn »in den tieferen, verborgenen Schichten unserer seelischen Organisation« aber »als Weltfrieden auch fürchten«: »Das Gefühl, der Möglichkeit kollektiver aggressiver Äußerungen beraubt zu sein, wird unbewußt als ein äußerst bedrohlicher, schutzloser Zustand aufgefaßt ...« Zwischen Frieden und Aggressivität werde dann ein Phänomen Bedeutung gewinnen: »die Rolle der Grausamkeit als Ersatzbefriedigung für entgangene sublimierte Triebbefriedigungen«.

Ich sehe das nicht viel anders. Wir haben ja in den zurückliegenden vier kriegslosen Jahrzehnten Gewalt und Grausamkeit in vielen Formen erlebt, die sicher zum großen Teil Ersatzbefriedigungen für entgangene kollektive Triebabfuhren darstellten. Nur scheint mir das kein Argument gegen einen Weltstaat und einen Weltfrieden zu sein. Natürlich, der Weltfriede würde »nicht das goldene Zeitalter« sein. »Nicht die Elimination der Konflikte, sondern die Elimination einer bestimmten Art ihres Austrags ist der unvermeidliche Friede der technischen Welt« (Carl Friedrich v. Weizsäcker 1964, S. 7 f.).

Weltstaat und Weltfrieden sind wünschenswert. Die Aussicht, sie zu bekommen, sind einstweilen allerdings gering. Die Vernunft, auf die Kant setzte, bestimmt nicht die Politik. Um so nötiger ist, daß es wenigstens eine Instanz gibt, die der Vernunft verpflichtet ist.

X. Die Kommunikationsgemeinschaft der Vernünftigen

Um einem möglichen Mißverständnis sogleich zu wehren: Hier soll nicht von einer »Elite« gesprochen werden oder von einem »Obertribunal«, das anderen Instanzen vorgeordnet wäre. Die Sicherung des Friedens ist beileibe nicht nur eine Sache der Vernunft. Da ist Macht (die man nicht mit Gewalt verwechseln darf) nötig, und wie diese für die Sache des Friedens einzusetzen ist, müssen vor allem die Politiker bestimmen. Und der Friede ist auch eine Angelegenheit, die die Herzen »bewegen« muß, also Angelegenheit einer »Friedensbewegung«. Macht und Emotionen sind wichtig für den Frieden – wichtig ist aber auch die *Vernunft*. Das soll wiederum nicht heißen, daß Politiker und Friedensbewegte sich überhaupt nicht von der Vernunft leiten ließen oder nicht leiten zu lassen brauchten. Es heißt nur, daß sie auch von anderen als rein rationalen Motiven – Parteiinteressen, Ausschau nach Mehrheiten, nationale Belange einerseits, Friedenssehnsucht, alternatives Leben andererseits – bestimmt werden und daß diese Motive bei den zu treffenden Entscheidungen in der Regel in den Vordergrund treten. Auch das hat prinzipiell seine Berechtigung. Es geht hier allein darum, daß es im Interesse des Friedens auch ein Forum geben muß, das von der Vernunft bestimmt ist, und daß dieses Forum im Kreis derer, die sich um den Frieden bemühen, eine – nicht die einzige – Stimme haben muß. Prinzipiell wird die Verantwortung der Wissenschaft für den Frieden auch gar nicht bestritten, im Gegenteil betont (z. B. Hirtenworte [Niederlande], S. 295 ff.; Justitia et Pax, S. 305). Nur nehmen die Politiker das Wort der Wissenschaftler leider nicht zur Kenntnis, wenn es sich nicht in ihr Konzept fügt – z. B. die Erklärung der achtzehn deutschen Physiker 1957 in Göttingen (Jaspers 1983, S. 268 ff.) oder die

Erklärung der dreitausend deutschen und ausländischen Naturwissenschaftler 1983 in Mainz (v. Ditfurth, S. 160) oder die vielfachen Erklärungen von Ärzten (Leaf, S. 96 ff.; Mechtersheimer/Barth, S. 281 ff.) oder die Erklärung von Richtern und Staatsanwälten (Mechtersheimer/Barth, S. 290 f.) oder oder oder... Die Kommunikation findet nicht statt. Daß der Friedensnobelpreis 1985 für »Ärzte gegen den Atomkrieg« die Gewissen der Verantwortlichen schärfen wird, muß man leider sehr bezweifeln. Man hat ja sofort versucht, die Friedensärzte ins linke Abseits abzudrängen.

Daß es den Mächtigen an Weisheit und den Weisen an Macht fehlt, ist ein altes Problem der Menschheit. Bei Platon gibt es eine berühmte Stelle (Politeia, 473), wo gesagt wird, daß das Übel nicht aus der Welt geschafft werden könne, solange nicht die Philosophen Könige werden oder die Könige sich nicht der Philosophie ergeben, solange also nicht Staatsgewalt und Philosophie in eins fallen. Dieser Ansicht begegnet man bisweilen auch heute noch. Tammelo z. B. (S. 168) bekundet die Überzeugung, »daß unter den modernen Umständen die Gelehrten eher als andere Leute die geeignetsten Herrscher sein würden«; allerdings macht er sich selbst den Einwand, »daß die Gelehrten, die politische Macht in Händen halten, vielfach aufhören müssen, sich so zu verhalten, wie es von Gelehrten zu erwarten ist«. Letzteres hat schon Kant gesagt, nur noch ein wenig deutlicher (B 69 f.): »Daß Könige philosophieren, oder Philosophen Könige würden, ist nicht zu erwarten, aber auch nicht zu wünschen; weil der Besitz der Gewalt das freie Urteil der Vernunft unvermeidlich verdirbt«; er fügt aber hinzu, daß beide, Könige und Philosophen, aufeinander hören sollten. Ich selber teile die Auffassung Kants. Ein Wissenschaftler, der sich den Staatsgeschäften oder einer »Bewegung« verschreibt, tritt unter andere Gesetze als die der Vernunft. Es mag von hohem Verantwortungsbewußtsein zeugen, wenn ein Wissenschaftler sich solchen Aufgaben zur Verfügung stellt; er darf nur nicht den Anspruch erheben oder den Anschein erwecken, daß er auch dann noch als Wissenschaftler fungiere.

Welches ist nun die spezifische Aufgabe der Wissenschaft im Rahmen der Friedensdiskussion? Wenn wir einmal den Krieg auf seine zwei Hauptursachen zurückführen, dann sind es die Aggression und die Ideologie (es gibt, wie oben gezeigt, auch noch andere Ursachen, die wir aber hier vernachlässigen dürfen, zumal sie meist auch aus Aggression und/oder Ideologie herrühren). Von der Aggression wurde eingehend im VI. und VIII. Kapitel gehandelt. Hier interessiert jetzt die Ideologie, wobei nicht übersehen werden darf, daß es meist Ideologien – weltanschauliche, religiöse, rassistische – sind, die Aggressionen auslösen und dann unter Umständen einen Krieg herbeiführen.

Was sind *Ideologien*? Hier gibt es die verschiedensten Erklärungen. Marx vor allem hat einen kritischen Ideologiebegriff verwendet. Damit brauchen wir uns jetzt nicht zu befassen. Man kann Ideologie ganz allgemein als eine unreflektierte, rational nicht ausgewiesene Handlungsorientierung verstehen. Wir alle handeln, mehr oder weniger, nach ideologisch geprägten Verhaltensmustern. Das wollen viele sich nicht eingestehen, weil sie Ideologie für etwas per se Negatives, Schlimmes halten. Man sollte aber Menschen, die angeblich frei sind von jeglicher Ideologie, mit großem Mißtrauen begegnen, denn offenbar fehlt ihnen die Fähigkeit zur Selbstreflexion, die Fähigkeit, den Ideologieverdacht zuerst einmal gegen sich selber zu richten. Kein Mensch verhält sich immer oder auch nur in der Regel rein rational – es ist rational, dies zu erkennen. Auch in der Wissenschaft kann man das Nicht-Rationale nicht immer völlig ausschalten. Aber die Wissenschaft muß nach Rationalität streben, sie muß das Ideologische als solches aufzudecken und zu überwinden trachten.

Bei den Naturwissenschaften spielen Ideologien eine relativ geringe Rolle. Die Berechnung, was eine Atombombe mit einer Sprengkraft von 100 Kilotonnen TNT anzurichten vermag, ist als solche wert- und ideologiefrei. Aber sicher ist eine solche Berechnung für die Friedenssicherung nicht das Entscheidende. Entscheidend ist die Frage, wie verhindert werden kann, daß Menschen eine solche Bombe einsetzen. Und bei dieser Frage – und es ist schließlich die Frage nach den Bedingungen eines gerechten Friedens – kommen Ideologien, Weltanschauungen, Wertüberzeugungen ins Spiel. Gibt es hier gleichwohl wissenschaftliche, rationale, gültige Erkenntnisse?

Die Wissenschaft strebt nach Erkenntnis, nach Wahrheit. Der zu erkennende Gegenstand soll möglichst »objektiv«, frei von Beimischungen des Erkenntnissubjekts erfaßt werden. Bei den Naturwissenschaften, die es mit den Dingen der erfahrbaren Welt zu tun haben, gelingt es verhältnismäßig leicht, diesem Ideal in hohem Maße gerecht zu werden. Anders ist das, wenn es um »Geistiges« geht, um Sinn- und Bedeutungshaltiges und um Werte, also in den Geistes- und Sozialwissenschaften, in der Ethik und in der Philosophie. Hier geht es nicht um das »Erklären« von Naturgegebenheiten, wie sie ohne das Zutun von Menschen bestehen, sondern um das »Verstehen« von Phänomenen der spezifisch menschlichen Welt. Es ist ganz unvermeidlich, daß bei solchem Verstehen das Verstehenssubjekt selbst mit ins Spiel kommt. Auch wenn man nicht der Ansicht huldigt, daß Werthaftes nur in Form subjektiver Wertungen vorkommt (daß es also keine »Werte« gibt), so ist doch nicht zu bezweifeln, daß Werturteile nie rein objektiv, sondern vom Urteilenden selbst maßgeblich mitgeprägt sind.

Für die »Verstehenswissenschaften« erhebt sich somit die Frage, wie solche Urteile über Sinn- und Werthaftes in größtmöglichem Umfang ihres subjektiven Charakters entkleidet, wie sie in einem Maße objektiviert werden können, daß sie auch für andere als den oder die Urteilenden rational einsichtig werden und so »Gültigkeit« erlangen.

Ich habe oben schon einmal Nietzsche zitiert: Einer hat immer unrecht, aber bei zweien beginnt die Wahrheit. Damit ist mit kurzen Worten das Wesentliche über das gesagt, was man heute die »Konvergenztheorie« (Kaufmann 1984a, S. 51ff.) oder die »Diskurs- bzw. Konsensustheorie« (Habermas, Wahrheitstheorien) nennt. Die Sache ist freilich nicht neu. Schon in der Athener Akademie unter Aristoteles hat man das »Symphilosophein«, das Miteinander-Kommunizieren, die Gemeinschaft durch Mitteilung gepflegt, und schon damals kannte man Regeln für den wissenschaftlichen und philosophischen Dialog.

Der Grundgedanke des Diskurses ist der, daß eine Mehrheit von Erkenntnissen verschiedener Personen von demselben Gegenstand in einer freien Argumentationsgemeinschaft ausgetauscht werden (eine besondere Schwierigkeit bei geisteswissenschaftlichen, zumal philosophischen Erkenntnissen kommt daher, daß es bei ihnen substantielle Gegenstände wie bei den Naturwissenschaften nicht gibt; darauf kann hier nicht näher eingegangen werden). Es ist wichtig, wird aber vielfach nicht beachtet, daß sich die Erkenntnisse und Argumente der verschiedenen Personen alle auf *dieselbe Sache, dasselbe Thema,* beziehen müssen. Wenn jeder von etwas anderem redet, kann keine gemeinsame Wahrheitsfindung stattfinden. Oft gebrauchen die Diskutanten zwar dasselbe Wort – »Gewalt«, »Krieg«, »Gleichgewicht«, »ziviler Ungehorsam« usw. usw. –, aber sie verstehen etwas durchaus Verschiedenes darunter und sprechen daher aneinander vorbei. In einem wissenschaftlichen Diskurs müssen »Äquivokationen« – so nennt man solche Mehrdeutigkeiten – ausgeräumt werden. Sodann kommt es darauf an, daß der Diskurs von *sachkundigen, unvoreingenommenen, wahrhaftigen und vernünftigen Argumentationspartnern* getragen wird, ein Ideal, das zwar nie ganz erreicht werden kann, das aber angestrebt werden muß; wo bewußt oder erkennbar andere als rationale Argumente vorgebracht werden, kann jedenfalls nicht von einem rationalen Diskurs die Rede sein. Im übrigen aber müssen nach dem Argumentationsprinzip *alle Argumente zugelassen* werden (Kaufmann 1984b, S. 119ff.).

Wer nur auf der Basis bestimmter Dogmen, Ideologien, Parteiprogramme und dergleichen mit sich reden lassen will, kann nicht Partner des Diskurses sein. Daraus folgt, daß alle Teilnehmer eines Diskurses die *gleichen Chancen* haben müssen zu Rede und Gegenrede, Frage und Antwort, zu Erklärungen und Rechtfertigungen, zur Verwendung von Sprechakten, zur Eröffnung und Fortsetzung eines Diskurses, kurz zu allem, was dem Voranbringen des Kommunikationsprozesses dient (Habermas, S. 255). Und schließlich: kein Teilnehmer des Diskurses darf Zwang ausgesetzt sein, der Diskurs muß *herrschaftsfrei* verlaufen.

Inwiefern nun garantiert oder produziert ein rationaler Diskurs die Wahrheit seiner Ergebnisse, inwiefern sind diese universalisierbar? Wenn eine optimale Vielzahl frei zustandegekommener Erkenntnisse und Argumente verschiedener sachkundiger und vernünftiger Personen von demselben Gegenstand ausgetauscht und zueinander in Beziehung gesetzt werden, dann ist man zu der Annahme berechtigt, daß unter diesen Voraussetzungen die Verschiedenheit der Ergebnisse nur darin begründet sein kann, daß das *subjektive* Moment in jeder Erkenntnis aus einer anderen Quelle herrührt, denn das *objektive* Moment kommt jeweils aus derselben Sache (ich bin mir, ich sage es nochmals, wohl des Problems bewußt, daß diese »Sache« auch, aber nicht nur, *Produkt* des Erkennenden ist). Mit anderen Worten: Die subjektiven Momente lassen sich nicht zu einer Einheit zusammenschließen, sondern schwächen sich, gegeneinandergehalten, ab oder heben sich gar auf; die objektiven Momente aber konvergieren und addieren sich.

Doch damit verbürgt auch ein rationaler Diskurs nicht »objektive Wahrheit«, sondern nur *Intersubjektivität*, also nicht Gewißheit, aber doch Plausibilität und damit *Konsensfähigkeit* für vernünftige Personen. Ein solcher Konsens ist aber *nie endgültig* – schon weil ein »idealer Diskurs«, eine »ideale Sprechsituation« nie besteht –, jeder Diskurs ist prinzipiell korrigierbar, jedes Argument ist grundsätzlich fallibel (Konsensprinzip und Fallibilitätsprinzip). Wie kommt man dann aber zu wahren Sätzen? Ein redlicher Wissenschaftler muß eingestehen, daß es eine stringente Verifizierung wissenschaftlicher Sätze nicht gibt; sie können sich später immer als falsch erweisen. Wohl aber gibt es – und das hat vor allem der »Kritische Rationalismus« Karl Poppers dargetan (Logik der Forschung) – die Möglichkeit, daß auf Grund »methodischer Nachprüfung« ein *negatives* Ergebnis erzielt wird: die *Falsifizierung* einer Theorie oder eines Satzes. Auch das ist eine alte Weisheit. Schon Thomas von Aquin hat gesagt, daß wir nicht imstande sind zu sagen, was das »Wesen« des Menschen oder gar Gottes *ist*, wir können nur sagen, was es *nicht ist*. Dieses negative Postulat bedeutet jedoch keine Preisgabe der natürlichen Erfahrung, daß wir zur Wahrheitsfindung befähigt sind. Gerade auf der Grundlage des Fallibilitätsprinzips dürfen wir davon ausgehen, daß wir »in the long run«, auf lange Sicht, die Realität so erschließen, wie sie ist, weil unsere Irrtümer sich langfristig aufheben werden. Oder so: Wenn es über eine lange Zeitspanne trotz entsprechender Bemühungen nicht gelungen ist, eine These zu falsifizieren, darf angenommen werden, daß diese These mit hoher Wahrscheinlichkeit – Gewißheit werden wir nie haben – wahr ist (Kaufmann 1984 b, S. 124).

Ich hoffe, daß der Leser nun besser verstehen wird – was ich schon im Vorwort und im I. Kapitel zur Sprache gebracht habe –, warum ich ihm eine nicht unbeträchtliche Zahl von Zitaten und Literaturangaben zugemutet habe. Ein Diskurs muß nicht immer in einer leibhaftigen Diskussionsrunde stattfinden. Man kann ihn auch in seinem Arbeitszimmer simulieren, indem man die anderen Argumentationspartner in Form ihrer literarischen Äußerungen zu Wort kommen läßt. Natürlich besteht hier leicht die Gefahr der Verfälschung: Man nimmt nur zur Kenntnis, was zu einer vorgefaßten Meinung paßt oder was man schlagend, vielleicht sogar polemisch widerlegen zu können glaubt, man löst Sätze aus dem Zusammenhang und gibt ihnen dadurch einen prätentiösen Sinn, man wertet subjektiv. Ich würde nie behaupten, daß ich allen diesen Gefahren entgangen bin. Doch ich darf nochmals versichern, daß ich die Literatur nicht tendenziös ausgesucht und daß ich nie absichtlich entstellend zitiert habe. Um aber dem Leser die Möglichkeit zu geben, sich in jedem Fall selbst davon zu überzeugen, habe ich jeweils die Fundstelle angegeben. Ich wollte den Leser als gleichberechtigten Teilnehmer des Diskurses einbeziehen.

Von dem oben skizzierten Fallibilitätsprinzip aus kann ich nun auch erklären, warum ich mich nicht zu einer *positiven* Aussage imstande gesehen habe, etwa zu der Erklärung: diese oder jene Art von Krieg *ist gerecht* (die Rechtsphilosophie kann solche positiven Rechtfertigungen nicht erbringen), vielmehr erscheint mir wissenschaftlich nur die *negative* Aussage zulässig, daß jedenfalls ein Nuklearkrieg *nicht gerecht* ist: daß er unter keinem denkbaren rationalen Gesichtspunkt als gerecht angesehen werden kann. Und daß diese Aussage nicht nur meine ganz und gar subjektive Meinung darstellt, sondern intersubjektiv gültig ist, habe ich anhand der Stimmen zahlreicher Diskursteilnehmer – zustimmender und ablehnender – darzulegen versucht. Was mit anderen, nichtnuklearen Kriegen ist, habe ich nicht beantwortet, und das kann ich mit wissenschaftlicher Glaubwürdigkeit auch nicht beantworten; ich muß die Möglichkeit offenlassen, daß es gerechtfertigte nichtnukleare Kriege gibt.

Jetzt vermag ich auch mein Versprechen einzulösen und zu erklären, warum ich das Konzept Christian v. Krockows vom ethisch neutralen Staat nur zum Teil für akzeptabel halte. v. Krockow (S. 59) erklärt (indem er Guy Kirch zitiert): »Ein Staat, der sagt, was gut und schön, richtig und wahr ist, ein Staat, der vorgibt, ein Hort menschlicher Wärme zu sein, kann nur repressiv für seine Bürger, lähmend für eine lebendige Entwicklung, lächerlich und hassenswert für die Außenstehenden sein.« Und mit eigenen Worten fährt er fort: »Genau an diesem Punkt und einzig hier beginnt die rechtmäßige, unverzichtbare Wahrhaftigkeit des demokratischen Prinzips und der darauf gegründeten Verfassung. Um es in sarkastischer Zuspitzung zu sagen: Grundwerte sind verfassungswidrig – sofern sie, vom Staat verbindlich gemacht, inhaltliche Festlegungen meinen, die die Würde des Menschen als Mündigkeit, Entscheidungsfähigkeit und Offenheit für die Zukunft verletzen.« Wenn damit nur gesagt sein soll (und v. Krockow will vielleicht auch nur dieses sagen), daß der Staat in der Verfassung nicht *positiv inhaltlich* festlegen darf, was gut, was gerecht, was wahr ist, dann ist dem vorbehaltlos zuzustimmen. Der Staat tut das auch nicht. Im Grundrechtsteil der Verfassungen werden nicht Leben, Freiheit, Eigentum als Werte grundgelegt und zugeteilt, es wird nur *negativ* gewährleistet, daß bestehendes Leben, bestehende Freiheit, bestehendes Eigentum nicht durch rechtswidrige Eingriffe in Nicht-Leben, Nicht-Freiheit, Nicht-Eigentum verwandelt werden. Und so ist es auch mit den Grundwerten. Der Staat kann nicht sagen, er darf es jedenfalls nicht, was die zu schützenden Grundwerte positiv inhaltlich sind. Er kann und muß aber dafür sorgen, daß alle Grundwerte sich entfalten können – oder besser wieder negativ: daß sie nicht in ihr Gegenteil, in Unwerte, Nicht-Werte, verkehrt werden. Freilich, wenn man überhaupt keine Vorstellung von dem hat, was »gerecht« ist, wird man auch nicht sagen können, was »schlechthin ungerecht« ist.

Das vorliegende Buch soll ein Plädoyer für den vernünftigen Dialog sein. Ich bin gewiß nicht der erste, der im Namen des Friedens dafür wirbt. Carl Friedrich v. Weizsäcker (1979, S. 16 ff.) erläutert drei Arten, wie man den Frieden von der Wahrheit aus verstehen kann, und er nennt als die erste dieser Arten die Vernunft (als weitere den Glauben und die Zukunft). Karl Jaspers (1983, S. 301 ff.) setzt auf die »Gemeinschaft der Vernünftigen«, auf »Kommunikation«, auf »überpolitische Vernunft«, auf die »Idee des vernünftigen Staatsmanns«. Bei Schmidhäuser (S. 63 ff.) und bei Ebeling (S. 30 ff.) lese ich ähnliches. Das ließe sich fortsetzen.

Gleichwohl, der Dialog findet nicht statt. Es besteht in Sachen Frieden ein Kommunikationsbruch zwischen Politik und Wissenschaft. Muß man da nicht zu der Einsicht kommen, daß man etwas ganz und gar Vergebliches tut, wenn man versucht, mit rationalen Argumenten vor der Rüstung zu warnen? Es wird ja doch weitergerüstet, und gerüstet wird immer nur für den potentiellen Krieg, nicht für den wirklichen Frieden. Es ist die Tragödie des Sisyphos.

Aber Sisyphos verstand sein Tun nicht als ein Scheitern, er fand Sinn und Erfüllung in seinem Tun. Wer bewußt das scheinbar Vergebliche und doch so Notwendige tut, ungebeugt, der ist nicht gescheitert, ja, er ist fast unverletzlich. Die Arbeit am Frieden wird die jetzige Macht und alle zukünftigen Mächte überdauern, oder es gibt keine Zukunft mehr. Der Dialog findet nicht statt. Aber vielleicht wird er morgen stattfinden, wenn auch vorerst nur als Dialog zwischen Schwerhörigen, und das wäre immerhin schon ein Fortschritt gegenüber dem jetzigen »Dialog« zwischen Tauben (Sutor, S. 468).

Wir haben keinen Anlaß zu dem leichtfertigen Optimismus, wie er heute von vielen Politikern, die immer alles, was sie tun, als absolut richtig propagieren müssen, zur Schau getragen wird. Aber wir müssen – ich sagte es schon – den Optimismus als Strategie einsetzen, wir müssen so handeln, als ob wir Optimisten wären: ständig um den Frieden bemüht, aber jederzeit auf eine Niederlage gefaßt, die jedoch, um im Sisyphos-Bild zu bleiben, nicht niederwirft, sondern neu beginnen läßt.

Dieser strategische Optimismus, der ganz und gar kein Zweckoptimismus ist, entspricht der Vernunft. Aus seiner Vernunft heraus sucht der Mensch die Bedingungen für sein Überleben und für das friedliche Zusammenleben mit seinesgleichen zu schaffen. Der Weg zum Frieden führt am sichersten über die Vernunft.

So endet mein Plädoyer für Gerechtigkeit und Frieden, wie die ergreifende Friedensrede Ernst Blochs endet: *Es lebe die praktische Vernunft!*

Literatur

Heinrich Albertz, Von der Nation – und von Wichtigerem. In: Jens 1982, S. 135 ff.

Heinrich Albertz (Hrsg.), Warum ich Pazifist wurde. München 1983

Jonathan Alford, Der gegenwärtige Stand der Rüstungssituation in Ost und West. In: Tutzinger Studien 1/1980, S. 32 ff.

Franz Alt, Frieden ist möglich; Die Politik der Bergpredigt. München, Zürich, 9. Aufl. 1983 (Literatur)

Franz Alt, Liebe ist möglich; Die Bergpredigt im Atomzeitalter. München, Zürich 1985 (Literatur)

Frans A. M. Alting von Geusau, Macht über Menschen und Friede zwischen den Völkern; Über ethische Belange im nuklearen Zeitalter. In: Ethics and Public Policy Center 1984, S. 113 ff.

Andrej W. Anikin, Sozialökonomische Probleme des Wettrüstens und der Abrüstung. In: Tutzinger Studien 1/1980, S. 65 ff.

Günter Baadtke/Armin Boyens/Ortwin Buchbender (Hrsg.), Friedenstifter; Die Christen zur Abrüstung; Eine Dokumentation. München 1984

Frank Barnaby, Wirtschaftliche Aspekte des Rüstens. In: Tutzinger Studien 1/1980, S. 55 ff.

Gert Bastian, Die Nachrüstungs-Lüge; Der Anfang vom Ende einer Friedenssicherung durch Abschreckung. In: Jens 1982, S. 27 ff.

Werner Becker, Der Streit um den Frieden; Gegnerschaft oder Feindschaft – die politische Schicksalsfrage. München, Zürich 1984

Herbert Begemann, Krieg ist keine Krankheit. In: Albertz 1983, S. 113 ff.

Friedrich Berber, Lehrbuch des Völkerrechts, Band II. München, 2. Aufl. 1969

Heinz Georg Binder, Frieden wahren, fördern und erneuern; Eine Denkschrift der EKD. In: Tutzinger Studien 2/1982, S. 69 ff.

Ernst Bloch, Widerstand und Friede; Aufsätze zur Politik. Frankfurt/M. 1968

Nikolaj P. Botschkow, Nukleares Wettrüsten und medizinische Probleme. In: Tutzinger Studien 2/1982, S. 101 f.

Hans Günter Brauch, Angriff aus dem All; Der Rüstungswettlauf im Weltraum. Berlin, Bonn 1985

Donald G. Brennan, Wissenschaftliche und militärtechnologische Aspekte und ihr möglicher Einfluß auf eine Rüstungskontrolle. In: Tutzinger Studien 1/1980, S. 43 ff.

Heinz-Wilhelm Brockmann, Friedensdiskussion. In: Stimmen der Zeit 202 (1984), S. 353 ff.

Hermann Burger, Keine Kadettenübungen bitte! In: Albertz 1983, S. 93 ff.

Andreas v. Bülow, Die eingebildete Unterlegenheit; Das Kräfteverhältnis West–Ost, wie es wirklich ist. München 1985

Richard R. Burt, Eine neue Zukunft für Sicherheit und Rüstungskontrolle. In: Tutzinger Studien 2/1982, S. 33 ff.

Peter Corterier, Friedenssicherung als Aufgabe der Politik. In: Tutzinger Studien 2/1982, S. 44 ff.

Georg Dahm, Völkerrecht, Band II. Stuttgart 1961

Wladimir Dimitrow (Erzbischof), Theologische Aspekte der gegenwärtigen Rüstungssituation. In: Tutzinger Studien 1/1980, S. 97 ff.

Rolf Denker, Steuerung der Aggression. In: Reinhard Schmid 1968, S. 11 ff. (Literatur)

Hoimar v. Ditfurth, Pazifismus – unsere einzige Chance. In: Albertz 1983, S. 139 ff.

Hans Ebeling, Rüstung und Selbsterhaltung; Kriegsphilosophie. Paderborn, München, Wien, Zürich 1983

Albert Einstein, Frieden. Bern 1975

Paul Engelhardt, Die Lehre vom »Gerechten Krieg« in der vorreformatorischen und katholischen Tradition. In: Steinweg 1980, S. 72 ff.

Raymond English, Einführung. In: Ethics and Public Policy Center 1984, S. 9 ff.

Erhard Eppler, Friedensbewegung. In: Jens 1982, S. 143 ff.

Karl Dietrich Erdmann, Luther über den gerechten und ungerechten Krieg. Hamburg 1984

Ethics and Public Policy Center Washington D. C. (Hrsg.), Kernwaffen und christliche Moral; Zehn christliche Positionen zur Nuklearrüstung. München 1984

Walentin Michajlowitsch Falin, Politische und andere Aspekte des Problems der Einstellung des Wettrüstens. In: Tutzinger Studien 1/1980, S. 19 ff.

Rupert Feneberg, »Gerechtigkeit schafft Frieden«; Die katholische Friedensethik im Atomzeitalter. München 1985

Ute Finckh/Inge Jens (Hrsg.), Verwerflich?; Friedensfreunde vor Gericht. München 1985

Rudolf Fleischmann u. a., Kann der atomare Verteidigungskrieg ein gerechter Krieg sein? München 1960

Daniel Frei, Feindbilder und Abrüstung; Die gegenseitige Einschätzung der UdSSR und der USA. München, 1985

Ces Flinterman, Der innerkirchliche Friedensrat der Niederlande. In: Tutzinger Studien 2/1982, S. 76 ff.

Sigmund Freud, Warum Krieg? (1933). Studienausgabe Bd. IX. Frankfurt/M. 1982, S. 271 ff.

Alton Frye, Sozialethische Überlegungen zur gegenwärtigen internationalen Situation. In: Tutzinger Studien 2/1982, S. 80 ff.

Detlef Garbe, Friedensdienst im Alltag. In: Albertz 1983, S. 17 ff.

Gaudium et Spes. Pastoralkonstitution des II. Vatikanischen Konzils vom 7.12.1965: Die Kirche in der Welt von heute.

Robert A. Gessert, Über den Einsatz nuklearer Waffen durch die NATO. In: Ethics and Public Policy Center 1984, S. 122 ff.

Heinz Giehring, Pazifistische radikale Kritik als Volksverhetzung? In: Strafverteidiger 1985, S. 30 ff.

André Glucksmann, Philosophie der Abschreckung. Stuttgart 1984

Helmut Gollwitzer, Die Christen und die Atomwaffen. München 1957

Bernhard Graefrath, Frieden und Recht. In: Neue Justiz (DDR) 1984, S. 474 ff.

Norbert Greinacher, Gegen Abschreckung!; Eine Zwischenbilanz der Diskussion in der katholischen Kirche. In: Albertz 1983, S. 101 ff.

Wilhelm G. Grewe, Friede durch Recht? Berlin, New York, 1985

William Griffith, Politische Aspekte des Wettrüstens. In: Tutzinger Studien 2/1982, S. 57 ff.

Gustav Gundlach, Die Lehre Pius XII. vom modernen Krieg. In: Fleischmann 1960, S. 105 ff. Auch in: Stimmen der Zeit 84 (1958/59), S. 1 ff.

Jürgen Habermas, Wahrheitstheorien. In: Wirklichkeit und Reflexion; Walter Schulz zum 60. Geburtstag. Pfullingen 1973, S. 211 ff.

Hildegard Hamm-Brücher, Grußwort für die Regierung der Bundesrepublik Deutschland. In: Tutzinger Studien 2/1982, S. 7 ff.

Stephan Haseler, Zur Geschichte der Kernwaffenfrage. In: Ethics and Public Policy Center 1984, S. 13 ff.

Hans Hattenhauer, Pax et iustitia. Hamburg 1983

Manfred Hättich, Weltfrieden durch Friedfertigkeit?; Eine Antwort an Franz Alt. München 1983

J. Bryan Hehir S. J., Kommentar zum Hirtenbrief der amerikanischen katholischen Bischöfe. In: Ethics and Public Policy Center 1984, S. 13 ff.

Johannes B. Hirschmann, Kann atomare Verteidigung sittlich gerechtfertigt sein? In: Stimmen der Zeit 162 (1957/58), S. 284 ff. (Literatur)

Hirtenworte zu Krieg und Frieden; Die Texte der katholischen Bischöfe der Bundesrepublik Deutschland, der Deutschen Demokratischen Republik, der Niederlande, Österreichs, der Schweiz, Ungarns und der Vereinigten Staaten von Amerika. Köln 1983

Rolf Hochhuth, Kohls Armageddon oder Sedanlächeln und Seife. In: Albertz 1983, S. 37 ff.

Raymond G. Hunthausen (Erzbischof), Wider die tödliche Sicherheit; Glaube setzt den ersten Schritt zur Abrüstung. Wien 1983

Daisaku Ikeda, siehe: Toynbee/Ikeda

Achmed Achmedowitsch Iskenderow, Probleme der Abrüstung und der Dritten Welt. In: Tutzinger Studien 1/1980, S. 83 ff.

Ewgenij W. Iwanow, Die Rolle der Öffentlichkeit in der heutigen Friedensdiskussion. In: Tutzinger Studien 2/1982, S. 103 ff.

Herbert Jäger, Friedensgefährdung durch Massenvernichtungsmittel – ein Gegenstand der Kriminalwissenschaften? In: Kriminologisches Journal 16 (1984), S. 1 ff.

Karl Jaspers, Die Atombombe und die Zukunft des Menschen; Ein Radiovortrag. München 1957

Karl Jaspers, Wahrheit, Freiheit und Friede. München 1958

Karl Jaspers, Die Atombombe und die Zukunft des Menschen; Politisches Bewußtsein in unserer Zeit. München, Zürich, 7. Aufl. 1983

Walter Jens (Hrsg.), In letzter Stunde; Aufruf zum Frieden. München 1982, S. 1 ff.: Appell in letzter Stunde

Johannes XXIII. (Papst), Pacem in terris; Enzyklika vom 11. 4. 1963

Hans Jonas, Das Prinzip Verantwortung. Frankfurt/M. 1979

Justitia et Pax, Der Heilige Stuhl und die Abrüstung; Ein Dokument aus der Päpstlichen Kommission Justitia et Pax. In: Herder-Korrespondenz 31 (1977), S. 302 ff.

Herman Kahn, Eskalation; Die Politik mit der Vernichtungsspirale. Berlin 1966

Immanuel Kant, Zum ewigen Frieden; Ein philosophischer Entwurf. Königsberg, 1. Aufl. 1795 (A); 2. Aufl. 1796 (B)

Arthur Kaufmann, Martin Luther King; Gedanken zum Widerstandsrecht. In: ders., Rechtsphilosophie im Wandel. Köln, Berlin, Bonn, München, 2. Aufl. 1984, S. 251 ff. (1984 a)

Arthur Kaufmann, Die Idee der Toleranz aus rechtsphilosophischer Sicht. In: ders., Beiträge zur Juristischen Hermeneutik. Köln, Berlin, Bonn, München 1984, S. 209 ff. (1984 b)

Arthur Kaufmann, Theorie der Gerechtigkeit; Problemgeschichtliche Betrachtungen. Frankfurt/M. 1984 (1984 c)

Arthur Kaufmann/Winfried Hassemer (Hrsg.), Einführung in Rechtsphilosophie und Rechtstheorie der Gegenwart. Heidelberg, 4. Aufl. 1985

Hans Kelsen, Principles of International Law. New York, Chicago, San Francisco, Toronto, London, 2. Aufl. 1967

Otto Kimminich, Einführung in das Völkerrecht. Pullach bei München 1975

Helmut Kindler, Es ist, wie wenn man einen Stein ins Wasser wirft. In: Albertz 1983, S. 163 ff.

Horst Klaus, Anmerkungen zur gegenwärtigen Rüstungssituation aus gewerkschaftlicher Sicht. In: Tutzinger Studien 2/1982, S. 93 ff.

Hermann Klenner, Vom ius ad bellum zum ius ad pacem (zugleich ein Paradigma für: Nutzen und Nachteil des Naturrechts). In: Das Naturrechtsdenken heute und morgen; Gedächtnisschrift für René Marcic, hrsg. von Dorothea Mayer-Maly und Peter M. Simons. Berlin 1983, S. 57 ff.

Eugen Kogon, Die Angst vor den Russen. In: Jens 1982, S. 101 ff.

Wladimir N. Kotow, Ökonomische Aspekte des Wettrüstens. In: Tutzinger Studien 2/1982, S. 86 ff.

Sven Kraemer, Ethik, Rüstungskontrolle und Realitäten der Weltlage: Der Rahmen für eine verantwortliche Kernwaffenpolitik. In: Ethics and Public Policy Center 1984, S. 24 ff.

Christian Graf von Krockow, Ideologische Bedingtheit des Krieges. In: Krieg und Frieden. München 1970, S. 29 ff.

Christian Graf von Krockow, Gewalt für den Frieden?; Die politische Kultur des Konflikts. München, Zürich 1983

Michael Kunze, Pazifismus und Kulturkrise. In: Albertz 1983, S. 55 ff.

Oskar Lafontaine, Wer hat die Nase vorn? In: Jens 1982, S. 63 ff.

Alexander Leaf, Der Atomkrieg und seine medizinischen Folgen. In: Tutzinger Studien 2/1982, S. 96 ff.

Karl Bruno Leder, Nie wieder Krieg?; Über die Friedensfähigkeit des Menschen. München 1982

Reinhold Lehmann, Friedens-Signale. Freiburg i. Br., 2. Aufl. 1985

Konrad Lorenz, Das sogenannte Böse; Zur Naturgeschichte der Aggression. München, 7. Aufl. 1980

Konrad Lorenz, Der Abbau des Menschlichen. München, Zürich, 2. Aufl. 1983

Jochen Löser, Weder rot noch tot; Überleben ohne Atomkrieg – eine sicherheitspolitische Alternative. München 1981

Niklas Luhmann, Vertrauen; Ein Mechanismus der Reduktion sozialer Komplexität. Stuttgart 1968

Martin Luther, Ob Kriegsleute auch im seligen Stand sein können. Wittenberg 1526

Alfred Mechtersheimer, Rüstungsverweigerung statt Rüstungskontrolle. In: Jens 1982, S. 79 ff.

Alfred Mechtersheimer/Peter Barth (Hrsg.), Den Atomkrieg führbar und gewinnbar machen?; Dokumente zur Nachrüstung Bd. 2. Reinbek bei Hamburg 1983

Alfred Mechtersheimer, Rüstung und Frieden; Argumente für eine neue Sicherheitspolitik. Reinbek bei Hamburg 1984 (1984 a)

Alfred Mechtersheimer, Zeitbombe NATO; Auswirkungen der neuen Strategien. Köln, 2. Aufl. 1984 (1984 b)

Johannes Meßner, Das Naturrecht; Handbuch der Gesellschafts-, Staats- und Wirtschaftsethik. Innsbruck, Wien, München, 7. Aufl. 1984

Michail Abramowitsch Milstein, Einige technologische Aspekte des gegenwärtigen Wettrüstens. In: Tutzinger Studien 1/1980, S. 48 ff.

Alexander Mitscherlich, Proklamierte und praktische Toleranz. In: Die politische Verantwortung der Nichtpolitiker; Sendereihe des Süddeutschen Rundfunks München, 1964

Alexander Mitscherlich, Die Idee des Friedens und die menschliche Aggressivität. Frankfurt/M. 1982

Nikolaus Monzel, Die ethische Problematik des Krieges mit Atombomben. In: Fleischmann 1960, S. 41 ff.

Clemens Münster, Atomare Verteidigung und christliche Verantwortung. In: Fleischmann 1960, S. 73 ff.

Richard Neuhaus, Kirchen und Politik in demokratischen Gesellschaften. In: Ethics and Public Policy Center 1984, S. 71 ff.

Leopoldo J. Niilus, Sozialethische, philosophische und psychologische Aspekte der gegenwärtigen Situation. In: Tutzinger Studien 1/1980, S. 88 ff.

Eduard R. Norman, Kernwaffen und Christliche Moral. In: Ethics and Public Policy Center 1984, S. 138 ff.

Michael Novak, Die Bischöfe und die sowjetische Wirklichkeit. In: Ethics and Public Policy Center 1984, S. 103 ff.

Klaus Obermayer, Recht als Friedensordnung. In: Juristenzeitung 39 (1984), S. 857 ff.

Milan Opocensky, Frieden und Revolution. In: Reinhard Schmid 1968, S. 53 ff.

Wolfhart Pannenberg, Einige Bemerkungen zur öffentlichen Besorgnis über den nuklearen Rüstungswettlauf, besonders in Deutschland, und über die Stellungnahmen der Kirchen dazu. In: Ethics and Public Policy Center 1984, S. 81 ff.

Karl Peters, Probleme der Atomaufrüstung. In: Hochland 51 (1958), S. 12 ff.

Karl Popper, Die offene Gesellschaft und ihre Feinde, 2 Bde. München, 6. Aufl. 1980

Karl Popper, Logik der Forschung. Tübingen, 7. Aufl. 1982

David W. Preus, Abrüstung, Frieden und Gerechtigkeit. In: Tutzinger Studien 2/1982, S. 72 ff.

Gustav Radbruch, Einführung in die Rechtswissenschaft. Leipzig, 7./8. Aufl. 1929

Gustav Radbruch, Die Internationale des Geistes. In: ders., Der Mensch im Recht. Göttingen, 3. Aufl. 1957, S. 125 ff.

Gustav Radbruch, Aphorismen zur Rechtsweisheit. Göttingen 1963

Gustav Radbruch, Vorschule der Rechtsphilosophie. Göttingen, 3. Aufl. 1965

Gustav Radbruch, Rechtsphilosophie. Stuttgart, 8. Aufl. 1973

Mohammed Attaur Rahman, Abrüstung aus der Sicht der Dritten Welt. In: Tutzinger Studien 1/1980, S. 73 ff.

Karl Rahner, Die Atomwaffen und der Christ. In: ders., Schriften zur Theologie, Bd. XV. Zürich 1983, S. 280 ff.

John Rawls, Eine Theorie der Gerechtigkeit. Frankfurt/M. 1975

Horst-Eberhard Richter, Die Angst kann lehren, sich zu wehren. In: Jens 1982, S. 117 ff.

Bertrand Russell, Vernunft und Atomkrieg. Wien, München 1959

Leonid Samjatin, Abrüstung – vitale Notwendigkeit für Europa. In: Tutzinger Studien 2/1982, S. 22 ff.

Kurt Scharf, Zeichen der Hoffnung. In: Albertz 1983, S. 9 ff.

Jonathan Schell, Das Schicksal der Erde; Gefahr und Folgen eines Atomkrieges. München, Zürich 1982

Jonathan Schell, Die Abschaffung; Wege aus der atomaren Bedrohung. München, Zürich 1984

Hans-Jürgen Schlochauer, Die Idee des ewigen Friedens. Bonn 1953

Günther Schmid, Motive, Strategien und Probleme der Friedensbewegung in der Bundesrepublik Deutschland. In: Tutzinger Studien 2/1982, S. 106 ff.

Reinhard Schmid (Hrsg.), Aggression und Revolution; Zumutungen des Friedens. Stuttgart 1968

Ulrich Schmidhäuser, Entfeindung. Stuttgart, 2. Aufl. 1983

Werner Schneyder, Selbstgespräch zum Thema »Frieden«. In: Albertz 1983, S. 75 ff.

Wolfgang Schreiber, Die Strategische Verteidigungsinitiative; Vorgeschichte, Konzeption, Perspektiven. Melle 1985

Albert Schweitzer, Das Problem des Friedens in der heutigen Welt. München 1954

Albert Schweitzer, Friede oder Atomkrieg. München 1958

Albert Schweitzer, Friede oder Atomkrieg; Vier Schriften. München 1981

Eduard Schweizer, Die Bergpredigt. Göttingen, 2. Aufl. 1984

Witalij Shurkin, Militärische Aspekte des Wettrüstens. In: Tutzinger Studien 2/1982, S. 54 ff.

Wolfgang Stegmüller, »Denn sie wissen nicht, was sie tun«: Ein nicht-politisches und weltanschauungsfreies Argument zur Raketenstationierung. Rundfunkvortrag 1983 (Typoskript)

Reiner Steinweg (Hrsg.), Der gerechte Krieg; Christentum, Islam, Marxismus. Frankfurt/M. 1980

Fritz Stern, Die Friedensdiskussion in den Vereinigten Staaten. In: Tutzinger Studien 2/1982, S. 110 ff.

K. Peter Stratmann, Der gegenwärtige Stand der Rüstungssituation in Ost und West. In: Tutzinger Studien 2/1982, S. 60 ff.

Bernhard Sutor, Das Politische in den Friedenserklärungen katholischer Bischofskonferenzen; Eine vergleichende Analyse. In: Stimmen der Zeit 202 (1984), S. 455 ff.

Ilmar Tammelo, Zur Philosophie des Überlebens; Gerechtigkeit, Kommunikation und Eunomik. Freiburg i. Br., München 1975

Helmut Thielicke, Die Atomwaffe als Frage an die christliche Ethik. Tübingen 1958

John Tirman (Hrsg.), SDI; Der Krieg im Weltraum. München 1985

Arnold Toynbee/Daisaku Ikeda, Wähle das Leben; Ein Dialog. Düsseldorf 1982

Tutzinger Studien. Abrüstungschancen – trotz neuen Wettrüstens?; Internationales Kolloquium. Evangelische Akademie Tutzing, 1/1980

Tutzinger Studien, Friedenssicherung durch Abrüstung?; II. Internationales Kolloquium. Evangelische Akademie Tutzing, 2/1982

Makary von Uman (Erzbischof), Sittliche Probleme der Abrüstung. In: Tutzinger Studien 2/1982, S. 64 ff.

Alfred Verdross, Völkerrecht. Wien, 5. Aufl. 1964

Alfred Verdross/Bruno Simma, Universelles Völkerrecht; Theorie und Praxis. Berlin, 3. Aufl. 1984

Stephan Verosta, Krieg und Angriffskrieg im Denken Kants. In: Österreichische Zeitschrift für öffentliches Recht 31 (1980), S. 247 ff.

Völkerrecht; Lehrbuch. Teil 1: Berlin (DDR) 1973; Teil 2: Berlin (DDR), 2. Aufl. 1982

Hermann Weber, Der Vietnam-Konflikt – bellum legale?; Die Rechtspflichten der Staaten unter dem Gewaltverbot der UN-Charta. Hamburg 1970

Rudolf Weiler, Zur Begründung eines Menschenrechts auf Frieden. In: Das Naturrechtsdenken heute und morgen; Gedächtnisschrift für René Marcic, hrsg. von Dorothea Mayer-Maly und Peter M. Simons. Berlin 1983, S. 669 ff.

Carl Friedrich v. Weizsäcker, Der ungesicherte Friede. Göttingen, 2. Aufl. 1979

Carl Friedrich v. Weizsäcker, Bedingungen des Friedens. Göttingen, 7. Aufl. 1981

Carl Friedrich v. Weizsäcker, Möglichkeiten und Probleme auf dem Weg zu einer vernünftigen Weltfriedensordnung. In: Tutzinger Studien 2/1982, S. 10 ff.

Carl Friedrich v. Weizsäcker, Der bedrohte Friede; Politische Aufsätze 1945 – 1981. München, 2. Aufl. (der Taschenbuchausgabe) 1984

Erwin Wilkens, Christliche Ethik im Dilemma der Weltpolitik. In: Ethics and Public Policy Center 1984, S. 53 ff.

Hans Jürgen Wischnewski, Die Haltung der Bundesrepublik Deutschland in der Abrüstungsdiskussion. In: Tutzinger Studien 1/1980, S. 7 ff.

Aldert van der Ziel, Die Verantwortung des Naturwissenschaftlers für den Weltfrieden. In: Reinhard Schmid 1968, S. 73 ff.

Serie Piper aktuell

Michel Albert
Herausforderung Europa
Die Europäische Gemeinschaft als Chance
1985. 140 Seiten. Serie Piper 384

Franz Alt
Frieden ist möglich
Die Politik der Bergpredigt
21. Aufl., 819. Tsd. 1985. 119 Seiten.
Serie Piper 284

Werner Becker
Der Streit um den Frieden
Gegnerschaft oder Feindschaft – die politische Schicksalsfrage
1984. 127 Seiten. Serie Piper 354

Klaus von Bismarck/Günter Gaus/Alexander Kluge/
Ferdinand Sieger
Industrialisierung des Bewußtseins
Eine kritische Auseinandersetzung mit den »neuen« Medien
1985. 227 Seiten. Serie Piper 473

Norbert Blüm
Die Arbeit geht weiter
Zur Krise der Erwerbsgesellschaft
1983. 128 Seiten. Serie Piper 327

PIPER

Serie Piper aktuell

Christian Schmidt-Häuer
Michail Gorbatschow
Moskau im Aufbruch
3. Aufl., 21. Tsd. 1985. 198 Seiten. Serie Piper 467

Heinz Griesinger
Überrollt uns die Technik?
Wege zu ihrer Beherrschung
1985. 109 Seiten. Serie Piper 413

Hildegard Hamm-Brücher
Der Politiker und sein Gewissen
Eine Streitschrift für mehr Freiheit
1984. 123 Seiten. Serie Piper 265

Martin Jänicke (Hrsg.)
Vor uns die goldenen neunziger Jahre?
Langzeitprognosen auf dem Prüfstand
1985. 176 Seiten. Serie Piper 377

Marielouise Janssen-Jurreit (Hrsg.)
Lieben Sie Deutschland?
Gefühle zur Lage der Nation
1985. 320 Seiten. Serie Piper 368

PIPER

Serie Piper aktuell

PIPER